Ute Fritsch

Mit Ringelnatz auf Hiddensee

Für Papi und Ringel –

oben im Himmel.

Ute Fritsch

Mit Ringelnatz auf Hiddensee

Ein poetischer Spaziergang

Gedichte und Geschichten,
Bilder und Dokumente,
Neurecherchiertes und Kurioses

Land, das auf dem Wasser schwimmt,
Es wirkt fast wie Hexerei,
Bis man merkt, daß es doch stimmt,
Neuendorf zieht nun vorbei.

In der Ferne liegt schon quer
Kloster, Leuchtturm, Hohes Land
Winkt die ersten Grüße her,
Man gerät aus Rand und Band.

Links nach Vitte biegt es ein,
Sieht das Dorf, die Mühle schon,
Wer mag wohl am Bollwerk sein?
Freudig träumt man schon davon.

Auszug aus dem Gelegenheitsgedicht *Überfahrt* von Robert T. Odeman, 1931
(Bekannter von Asta Nielsen und Joachim Ringelnatz)

Glücklich und produktiv war der Dichter Joachim Ringelnatz auf der Insel Hiddensee und am Meer. Das 46-jährige „Ur-alt-Kind“ folgte der Einladung seiner „Seelenfreundin“ Asta Nielsen auf die schöne Insel. Hier verbrachte er die sonnenhellen Tage ewig Bernstein suchend, immer nur Schnaps findend und in heiterster Geselligkeit mit der Schauspielerin und vielen anderen Künstlerkollegen. Die Insel inspirierte ihn zu zauberhaften Gedichten, und die Gegenwart der engen Freundin lässt ihn die heute kaum bekannte Seemannsballade *Die Flasche* schreiben.

Auf Spurensuche

Ringelnatz und Muschelkalks Ankunft auf Hiddensee am 10. Juni 1929

Sie kamen heute Mittag an. Schon vom Dampfer heraus rief Ringelnatz zu uns: „Ach, habt ihr eine Ahnung, was wir mit eurem Baum durchgemacht haben!“ Dabei sah er sterbend aus. In Gedanken sah ich im Lastraum einen mächtigen Baum und dachte, wenn der nur nicht zu viel Sonne vom Haus wegnimmt. Das Schiff legte an. Menschen flogen einander in die Arme, Koffer und Kisten wurden an Land gebracht, ich sah aber keinen Baum. Ich wollte nicht fragen – sie hatten dann natürlich einen kleinen Baum im Koffer.

Aus dem Tagebuch von Asta Nielsen

Hiddensee-Dampfer SWANTI und Bollwerk Vitte
Historische Postkarte

Porträts von Leonharda Pieper, genannt „Muschelkalk“, Ehefrau von Ringelnatz, und Joachim Ringelnatz, 1929

Asta Nielsen auf ihrem Lieblingsdampfer SWANTI, 1931
Erstveröffentlichung

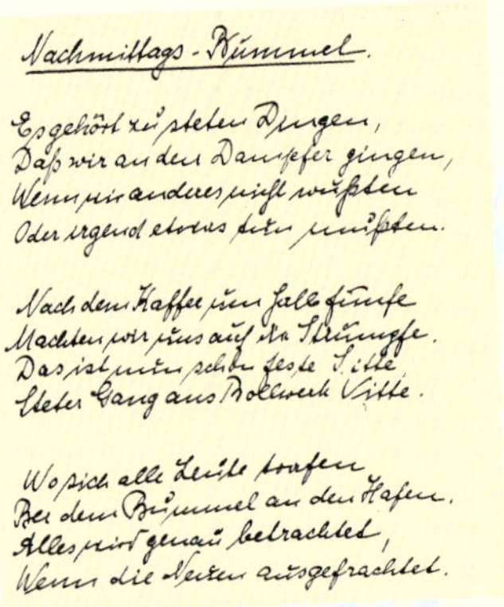

Nachmittags-Bummel.

Es gehört zu steten Dingen,
Daß wir an den Dampfer gingen,
Wenn wir anderes nicht wußten
Oder irgend etwas tun mußten.

Nach dem Kaffee um halb fünfe
Machten wir uns auf die Strümpfe.
Das ist nun schon feste Sitte
Steter Gang ans Bollwerk Vitte.

Wo sich alle Leute trafen
Bei dem Bummel an den Hafen.
Alles wird genau betrachtet,
Wenn die Neuen ausgefrachtet.

Robert T. Odeman und Freunde (u. a. Familie von Blücher) empfangen Asta Nielsen am Bollwerk Vitte, 1931

Nachmittagsbummel

Es gehört zu steten Dingen
Daß wir an den Dampfer gingen,
Wenn wir anderes nicht wußten
Oder irgendetwas tun mußten.

Nach dem Kaffee um halb fünfe
Machten wir uns auf die Strümpfe
Das ist nun schon feste Sitte
Steter Gang ans Bollwerk Vitte.

Wo sich alle Leute trafen
Bei dem Bummel an den Hafen.
Alles wird genau betrachtet
Wenn die Neuen ausgefrachtet.

Gelegenheitsgedicht des jungen Autors und Hiddensee-Stammgastes Robert T. Odeman

Hiddensee ist eine Insel, wo man bis heute jeglichen Alltagsstress, Liebeskummer und anderen Seelenschmerz vergessen kann.

Schon Ringelnatz, der die politischen Unruhen der Weimarer Republik Mitte der 20er Jahre hautnah miterlebte, dichtete:

Rettende Insel

Wenn Parteien sich und Massen
Sichtbar und geräuschvoll hassen,
Klingt das mir wie Meeresrauschen.
Und dann mag ich henkelltrocken
Still auf einer Insel hocken,
die mich zusehn läßt und lauschen.

Nicht, daß ich dann etwa schürfe
Oder was dazwischen würfe
Oder schlichten wollte, nein,
Nein, ich weiß, das muß so sein.
Und ich dehne mich und schlürfe
Eingefangnen Sonnenschein.

Wechselnd laut und wieder leise
Rauscht das Meer in weitem Kreise
Mir vertraute Melodie.
Wo blind oder falsch gestempelt
Mißklang sich an Mißklang rempelt,
Windelt neue Harmonie.

Und dann schwimmt – fast ist es schade –
Noch ein Mensch an mein Gestade,
Sucht an meiner Pulle Halt.
Aus ist die Robinsonade,
Denn nach Insulanersitte
Sag ich unwillkürlich: „Bitte!"
Und ein zweiter Pfropfen knallt.

Und wir trinken. Es gesellen
Andre sich dazu. Die Wellen
Glätten sich. Der Haß zerstiebt.

Bis zuletzt in süßer Ruhe
Niemand noch was in die Schuhe
Andrer schiebt,
Und sich alles gegenseitig
Eingehenkellt ganz unstreitig
Duldet, gern hat oder liebt.

Aus: *Allerdings*, 1928

Weststrand Hiddensee, Juni 2014

Echten, wohlschmeckenden Hiddenseer Sanddornschnaps mit Ringelnatz-Bildern und Gedicht-Etiketten erhält jeder Gast bei der „Ringelnatz-Asta-Nielsen-Führung“ von Ute Fritsch

Joachim Ringelnatz
Autogrammpostkarte um 1923

Der Dichter Ringelnatz rettet sich zur Flasche, findet genug trinkfreudige Insulaner, um gemeinsam die Welt mit ihren kleinen und großen Katastrophen und alle bösen Streitereien zu vergessen.

Bei seinen zahlreichen Auftritten als dichtender Matrose auf den Kabarettbühnen quer durch Deutschland in den 10er und 20er Jahren bestand er immer darauf, ein gefülltes Schnaps- oder Weinglas auf der Bühne zu haben. Asta Nielsen meinte: „Kuttel Daddeldus Dichter trug seine oft makabren Gedichte gleichfalls keineswegs im nüchternen Zustand vor, und was sein Privatleben in dieser Hinsicht bot, lässt man besser unberührt.“

Karikatur von Walter Trier, 1924

Die andere Begründung, das Motiv der Flasche als roten Faden für die „Lustige Ringelnatz-Asta-Nielsen-Führung“ auf Hiddensee zu wählen, lag im Werk selbst. Neben den zahlreichen trefflichen Hiddensee-Gedichten schrieb Ringelnatz in seinen ersten intensiven Hiddenseer Ferien vom 10. Juni bis 1. Juli 1929 an einem heute nahezu unbekannten Stück mit dem Titel *Die Flasche,* und dieses war ursprünglich für die enge Freundin Asta Nielsen gedacht:

Den Drei-Akter „Die Flasche“ hatte ich seinerzeit auf Hiddensee bei Asta Nielsen und für Asta Nielsen geschrieben. Es war so gedacht, daß sie die Petra und daß Grigori Chmara den Grischa spielen sollte. Ich selbst hatte von Anfang an mit der Rolle des Hans Pepper geliebäugelt. Diese Besetzung kam nicht zustande. Aber für mich steht das Stück sozusagen unter dem Protektorat der Asta Nielsen.

Aus der Einleitung zu *Die Flasche und mit ihr auf Reisen* von Joachim Ringelnatz, Rowohlt 1932

Auf dem berühmtesten Hiddensee-Foto des Freundespaares von Max Ebel liest der in sich hineinschmunzelnde Dichter aus den ersten Entwürfen dieser heiteren Seemannsballade am runden Korbtisch (der noch erhalten ist!) vor Nielsens Sommerhaus KARUSEL der ebenso in sich hineinlächelnden Schauspielerin vor. Die damals noch sehr junge Fotografentochter und spätere Inselfotografin Ilse Ebel (1911–2007) hatte vielfach bezeugt, dass das Manuskript des Stückes *Die Flasche* von den beiden Künstlern sehr lebhaft auf Hiddensee diskutiert wurde.

Kongenial hat der mit Ringelnatz befreundete norwegische Zeichner, Maler und Karikaturist Olaf Gulbransson (1873–1958) das Titelbild für die Buchausgabe beim Rowohlt-Verlag geschaffen: Auf rosafarbenem Grund sind die Masken des Stummfilmstars (mit der typischen

Asta-Nielsen-Frisur) und des Dichters mit dem Vogelgesicht und der übergroßen Nase zu erkennen und unter den beiden in der Bildmitte – eine leere Whiskyflasche.

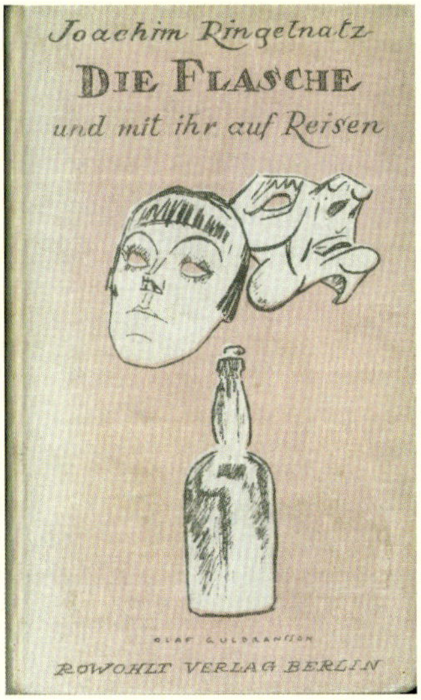

Einband der Erstausgabe *Die Flasche und mit ihr auf Reisen*, 1932

… So strahlt durch die aufgeschnittenen Augen der beiden freundlich lebensbejahendes Rosa. Was ihnen auch persönlich entspricht. Die zwei Masken schweben über einer Whiskyflasche. Sie hat kein Etikett. Sie ist ausgetrunken. Halt eine alte Flasche. Aber wenn man sanft in ihren Hals hineinbläst, klingt es wie Abfahrtssirenen ferner Dampfer. Hält man sie ans Ohr, summt sie leise ihre Geschichte. Spinnt Seemannsgarn ohne Ende, raunt von dunklen und hellen Abenteuern, von einer Liebe, die im Herzen festsitzt wie ein Anker … Erzählt von der kunterbunten Welt der Matrosen, seiner unbezwinglichen Freiheitswut, seiner Großmut, seiner wunderbaren Fähigkeit zur Freundschaft und seiner Gefühlsseligkeit, die weich und tief ist wie bei einem Kinde. So wird die Flasche Sinnbild des kleinen, anmutigen, heiteren und traurigen Stückes, und sie schwebt als Symbol geisterhaft auch durch die Seiten des Tagebuches. Ist in diesem höheren Sinne zugleich Sinnbild des Dichters selbst.

Max Geisenheyner in *Frankfurter Zeitung und Handelsblatt,* 12.12.1932

Doch wie kam es überhaupt dazu, dass auch der dichtende Matrose Ringelnatz – wie so viele Künstler in den 20er Jahren – den Weg auf die einst stille Insel Hiddensee fand?

Denkmalerei Ringelnatz von Michael Mathias Prechtl

Die Vorgeschichte

Wie lernte Ringelnatz seine heitere Gastgeberin, den Stummfilmstar Asta Nielsen kennen?

Der Berliner Schauspieler Paul Wegener (1874–1948) ist die verbindende Person zwischen dem Dichter und der Schauspielerin. Wegener ist Anfang der 20er Jahre eng mit Asta befreundet, die er durch gemeinsame Filmarbeiten – *Steuermann Holk (1920), Die Geliebte Roswolskys (1921)* und *Vanina (1922)* – näher kennenlernte. Er verehrt die Film-Künstlerin, achtet sie aber vor allen Dingen als Mensch und Freundin.

Paul Wegener über Asta Nielsen:
Sie ist die einzige Künstlerin im Film, die schlichtweg als Genie anzusprechen ist und deren Kunstleistungen die Selbstverständlichkeit von Naturereignissen haben. Daß sie – wie alle ganz Großen in der Kunst – nebenher auch ein bedeutender Mensch ist, deren überlegener Humor und tiefe Lebensweisheit einzig ist, weiß jeder, der das Glück ihrer Freundschaft genießt.

Asta Nielsen und Paul Wegener in ihrem ersten gemeinsamen Film *Steuermann Holk* (1920)

Asta Nielsen über Paul Wegener:
Wir lernten uns bei den Aufnahmen zu dem Stummfilm „Steuermann Holk" kennen. Er spielte die Titelrolle, ich seine verführerische, oberflächliche und treulose Geliebte, die ihn in den Tod treibt. Wir waren ein höchst ungleiches Paar, aber gerade dieser Unterschied war wie geschaffen für die Zusammenarbeit in Filmen, deren Handlung und Figuren sich von den alltäglichen, billigen unterschieden. Aus unserem gemeinsamen Wirken entwickelte sich eine enge, unverbrüchliche Freundschaft, und so oft wir Zeit hatten, besuchten wir uns in unseren Wohnungen. (…) Seine Interessen bezogen sich auch auf alles Neue innerhalb der Kunst und Literatur. Darum ist es kein Wunder, dass er als einer der ersten in Deutschland die großen Möglichkeiten des Films erkannte. (…) Die Geselligkeiten in seiner Wohnung standen in eigentümlichem Widerstreit zu seinem Kunstsinn. Eine gewisse behäbige, bürgerliche Gemütlichkeit lag über dem großen Tisch im Esszimmer, von dessen weißgetünchten Wänden eine Unzahl russischer Ikonen unnahbare Blicke auf die Gesellschaft warf, die sich zu neunundneunzig Prozent aus seinen ehemaligen und augenblicklichen Frauen mit ihren dazugehörigen Kindern zusammensetzte, soweit diese erwachsen waren. (…) Wegener hatte selbst viel Humor, er war ein begeisterter Zuhörer. Stets bis zum Rande mit Erlebnissen vollgepfropft, wurde er zum launigen, hervorragenden Erzähler (…) Er betrachtete Menschen und Ereignisse mit dem wachen Blick des Forschers.

Das besondere dichtende und darstellerische Talent von Ringelnatz fiel Paul Wegener als einer der ersten namhaften Persönlichkeiten Anfang der 20er Jahre auf.

Stolz berichtete der ‚Natz' am 12. September 1920 aus Berlin an die geliebte ‚Muschelkalk', seine frisch angetraute Ehefrau Leonharda Pieper, nach München:

Abends erzählte er (der Kabarettdirektor) mir, dass der berühmte Schauspieler Paul Wegener im Zuschauerraum sitze, der habe gesagt: „Ich komme in eure alte Scheißbude nur wegen des Ringelnatz, der soll so gut sein (…)". Und da änderte ich mein Programm, das ich erst ganz zahm gestalten wollte, in Daddelduisch um. Und Wegener war helle Begeisterung, lud mich nachdem gleich an seinen Tisch zu Sekt und sagte mir dickste Schmeicheleien. Ich würde über kurz berühmt sein in Berlin und müsste da Geld herausschlagen, etc. (…) Mach's Fenster auf, die Luft wird schlecht.

Gruß. Kuß, Schluss …
Viel, rasend viel Arbeit, aber gute Stimmung.

Es entwickelt sich sofort nach dieser ersten Begegnung eine tiefe menschliche Freundschaft, die auch von gegenseitigem künstlerischen Respekt getragen ist.

Ringelnatz über Wegener:

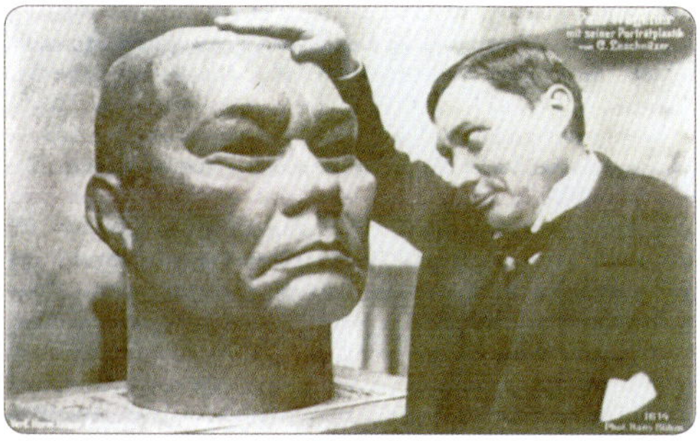

Der Schauspieler Paul Wegener betrachtet liebevoll seine eigene Büste

Paul Wegener (Auszug)

…
Und hinter den Kulissen
Ein fröhliches Gewissen,
Ein anständiger Kamerad.
…
Und dann spät nachts,
Da er müde müßte sein –
Nein! – –
Ging er noch weiter,
Tanzte, trank Wein
Bis in die helle Stunde
Weitarmig und heiter,
Mit guten und bösen Geistern im Bunde.
Ein lebendiger Roland aus Stein,
Der, was er liebt,
Gern, groß und ehrlich gibt.

Aus: *Allerdings*, 1928

Ein gutes Jahr später, am 3. November 1921, schleppt Paul Wegener, „der voll des Lobes über Ringelnatzens Genialität war“ die enge Freundin Asta mit zur Kleinkunstbühne SCHALL UND RAUCH in den Keller des Schauspielhauses am Gendarmenmarkt. Was Wegener nicht ahnen konnte (oder vielleicht doch?): Hier treffen sich zwei mit demselben kräftigen Humor, mit dem gleichen tiefsinnigen wie heiteren Nachdenken über Menschen, einem hohen Kunstverständnis, besonderen Herzenstakt und einer ähnlichen politischen Haltung, die sich später u. a. in der konsequenten Ablehnung der Nationalsozialisten dokumentiert. Die 40-jährige Asta erinnerte sich an diese erste persönliche Begegnung mit dem dichtenden Kabarettisten Joachim Ringelnatz, von dem sie zwar zu diesem Zeitpunkt schon gehört hatte, „aber noch nie etwas gelesen“:

Berlin, 4. November 1921

Gestern Abend erlebte ich zum ersten Mal Joachim Ringelnatz. Es war im „Schall und Rauch“, er sagte eigene Gedichte in Matrosenuniform auf, mit einem vollen Glas in der Hand. Bei seinem Auftreten schimmerte mir von seiner nackten Matrosenbrust ein blaugemaltes, von einem Pfeil durchbohrtes Herz mit meinem Namen entgegen. Und über die Brücke, die er mit seinem stummen Gruß zu mir schlug, sollte in wenigen Minuten mein flammendes Herz zurückeilen. Denn seine Gedichte und sein Vortrag entzündeten uns Künstler, die mit Paul Wegener an der Spitze unten auf ihn stundenlang gewartet hatten, zu einer begeisterten Ekstase, die Erlösung fand in einem orkanartigen Beifall, der unsere Hände zu Feuer und die Handschuhe in Fetzen verwandelte.
Wir holten ihn dann aus seiner Garderobe zu einem kleinen Nachtbummel in … Wohnung, und hier sollte ich ihn kennenlernen als einen der entzückendsten Menschen, die mir je begegneten, von einer bezaubernden Atmosphäre umgeben, von einem Takt durchdrungen, der nicht mit Erziehung, sondern nur mit Herz zu tun hat, von einer fast kindlichen Lebendigkeit, und einem völligen Mangel an Sentimentalität. Ich bin traurig, daß er nicht hier in Berlin wohnt, aber glücklich, daß ich ihn kennengelernt habe. Aber seine Gedichte habe ich, zwei Bände habe ich mir schon besorgt … ich freue mich unendlich …

Auszug aus Asta Nielsens Tagebuch

Was für eine schöne, umwerfende Begeisterung für einen lebendigen, kindlichen Menschen mit Anstand spricht aus diesen Zeilen unmittelbar nach der ersten Begegnung.

Über seine ganz eigene Vortragskunst reflektierte Asta später in ihren Lebenserinnerungen:

Er war kein Rezitator im eigentlichen Sinne des Wortes, aber die Stimmung, die seine Person ausstrahlte, und das verschleierte, eintönige Organ, das in sonderbarem, singendem Rhythmus seine genialen Verse aufsagte – begleitet von kaum angedeuteten, aber sehr bezeichnenden Bewegungen mit den knochigen Händen –, waren von solcher Wirkung, dass sie die Zuhörer – wohlgemerkt diejenigen, die ihn verstanden – in Ekstase versetzten.

Ringelnatz trägt seine Verse auf Kabarettbühnen vor (u.a. Stuttgart 1927)

Auch eine der schönsten, liebevollsten Beschreibungen seines Äußeren findet man in den Erinnerungen der Schauspielerin:

> *Ringelnatz war klein und unwahrscheinlich mager. Auf den ersten Blick schien sein Gesicht von einer mächtigen Don-Quichote-Nase beherrscht zu sein, sah man aber näher hin, wich alles in seinem Antlitz, ja beinahe seine ganze Gestalt, hinter ein Paar großer, dunkelblauer Augen zurück, die so schön waren, wie ich es kaum jemals erlebt habe. Zwischen der vorspringenden Nase und einem bleichen Kinn schien der Mund eingefallen. Das war er jedoch gar nicht. Die Lippen wölbten sich wehmütig und kräuselten sich ununterbrochen bei den ständig wechselnden Gemütsbewegungen, die sein Inneres durchjagten.*
>
> Aus: *Die schweigende Muse*

Der 1,60 m kleine Ringelnatz bei einem Auftritt im SIMPL in München

Ringelnatz selbst meinte:
Ich bin überzeugt, daß mein Gesicht mein Schicksal bestimmt. Hätte ich ein anderes Gesicht, wäre mein Leben ganz anders, jedenfalls viel ruhiger verlaufen. Am meisten bekam ich zu hören, daß ich jenen Köpfen gleich sehe, die aus einer Witzkiste an langen Spiralfedern hervorschnellen.

Über die besondere Gabe des Schenkens und die phantasievollen Geschenke von Ringelnatz schrieb Asta Nielsen 1927 in ihrem leider kaum bekannten und nur in Auszügen veröffentlichtem Tagebuch:

Ach wie froh bin ich, Ringelnatz' Weihnachtspakete liegen auf der Decke vor mir, das Zimmer ist plötzlich hell geworden, es lacht in mir. Immerhin, ich bin ängstlich sie aufzumachen, springt eine Maus mir ins Gesicht, oder ein tanzender Matrose mit Musik? Bei Ringelnatz kann man nie wissen. Nein, diesmal war es ein allerliebstes getrocknetes Meerespferd für mich, ein kugelschluckender Clown für meinen Mann und für meine Tochter eine Haselnuß, die ein Miniatur-Kegelspiel enthielt. Gott weiß, wo Ringelnatz und Frau solche Sachen finden? Mein Meerespferd kommt in gute Gesellschaft, ich habe eine Schachtel, wo Ringelnatz' frühere Geschenke aufbewahrt werden, da soll auch das Pferd hinein, zu einem Osterlämmchen aus Kuchenteig, einem Taschentuch mit roten Mohnblumen bestickt, einem katholischen Priester, der nicht ganz artig ist, und einem Paar verliebten Hühnern aus Elfenbein …

Schenken

Schenke groß oder klein,
Aber immer gediegen.
Wenn die Bedachten
Die Gaben wiegen,
Sei dein Gewissen rein.

Schenke herzlich und frei.
Schenke dabei,
Was in dir wohnt
An Meinung, Geschmack und Humor,
So daß die eigene Freude zuvor
Dich reichlich belohnt.

Schenke mit Geist ohne List.
Sei eingedenk,
Daß dein Geschenk
Du selber bist.

Aus: *Allerdings*, 1928

Ringelnatz dichtete 1927 – noch *vor* den gemeinsamen Hiddenseer Ferien, aber nach fünfjähriger intensiver Freundschaft zu Asta Nielsen – ein nachdenkliches Gedicht über seine Seelenfreundin.

Über Asta Nielsen

So eine Landschaft gibt's: wo man den bleichen
Mond über weite Ebenen sieht,
Der glanzlos, deutlich durch die Ferne zieht,
Die – weil sie in uns liegt – wir nie erreichen.

Jemand deutete auf eine Dame hin,
Die die Treppe scheuerte.
Er beteuerte:
Sie sei eine Königin.
Und ich wollte Klarheit, fragte
Sie, ob sie das sei, was jener dachte.
Und sie sagte:
„Nein!" – Scheuerte und lachte.

Zu der großen Künstlerin kam ein Verehrer,
Schenkte ihr ein schweres Stück Gold.
Sie gab es freundlich ihm zurück,
Dankte wie ein gütiger und weiser Lehrer.

Man verwundete und scheuchte sie,
Böse oder dummbelehrt gezielt.
Töten konnte man sie nie.
Weil sie einfach Mensch ist und weil sie
Es auch bleibt, wenn sie Theater spielt.

Blickte lange ihr ins Gesicht
Und dann denke nicht
Ihrer, sondern deiner selbst. Und sprich
Lange du mit mir über dich.

Aus: *Reisebriefe eines Artisten*, 1927

Autogrammpostkarte Asta Nielsen, 1927

Asta Nielsen als *Kameliendame* auf der Theaterbühne, 1927

Ringelnatz erlebte Asta Nielsen als Theaterschauspielerin in München, wo er Mitte der 20er Jahre noch immer mit Muschelkalk in einer besetzten Wohnung in Schwabing (Hohenzollernstraße 31a) und in ewigen Geldnöten als „reisender Artist" lebte. Er saß mit seiner Frau bei Asta Nielsens Theaterauftritt als „Kameliendame" (in der modernisierten Fassung des Alexandre-Dumas-Stückes ihres damaligen Lebensgefährten Grigori Chmara) gebannt in der ersten Reihe und war von der Künstlerin – hinter der sich ein großartiger Mensch verbirgt – tief beeindruckt.

In der Zeitschrift *Das Tagebuch* 9 (1928) veröffentlichte Ringelnatz damals seine Begeisterung:

Asta Nielsen in München

Sie spielte unvergleichlich und erschütternd und bewundernswert. Bei den Besten unserer Zeit steht es unumstritten fest, daß Asta Nielsen in der internationalen Geschichte der kinematographischen Darstellungskunst die erste Künstlerin ist und bis heute als bedeutende Erscheinung gelten muß. Nur in Charlie Chaplin findet sich ein gleichwertiges Gegenstück. Die Leute, die zum ersten Male sie nun leibhaftig im Theater spielen sahen, waren gespannt darauf, ob sie sich dort gleichermaßen bewähren würde. Und sie erschütterte zutiefst alle Gemüter. Und sie zeigte sich ebenso groß, vielleicht durch ihr allerpersönlichstes Fluidum noch größer als auf der Kinowand. (…) Sie spielt nie Komödie. Sie will sich nicht zeigen, sondern sein. Sie, die ein Lebenlang Angehimmelte, Angebetete, Angeschwärmte, Angeschwindelte, Angepumpte, laut und heimlich Verehrte, Beneidete – sie kennt die Menschen und ist unter ihnen doch im Grunde einsam, wie es alle wahren Künstler sind. Dennoch ist Asta Nielsen auch bei den breiten Massen der populärste, nicht der beliebteste, sondern der geliebteste Star. Denn niemandem entgeht es, daß sie keine Nachahmungstalente zeigen will, sondern in ihrer Rolle wirklich lebt, genießt, leidet. In allem, was sie selbst zu verantworten hat, bleibt sie auf der Bühne derselbe ehrliche Mensch wie im Leben. Ich bin ihrem Spiel mit heiserer Aufregung gefolgt.

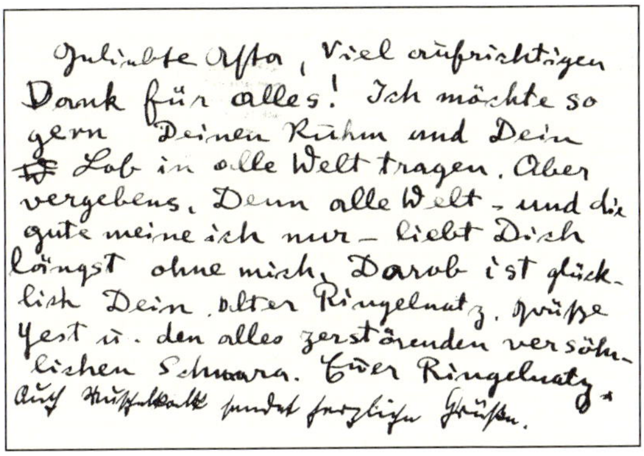

Briefpostkarte von Ringelnatz an Asta Nielsen
Deutsches Literaturarchiv Marbach

Schon 1927 schrieb er an sie direkt:

München, 5. 5. 1927

Geliebte Asta, Viel aufrichtigen Dank für alles! Ich möchte so gern Deinen Ruhm und Dein Lob in alle Welt tragen. Aber vergebens. Denn alle Welt – und die gute meine ich nur – liebt Dich längst ohne mich. Darob ist glücklich Dein alter Ringelnatz. Grüße Jest u. den alles zerstörenden versöhnlichen Schmara. Euer Ringelnatz

Auch Muschelkalk sendet herzliche Grüße.

Asta Nielsen über Ringelnatz und Muschelkalk in München:

Es traf sich günstig, daß München, wo er mit seiner Frau wohnte, zu den Städten gehörte, in denen ich jeweils für die längste Zeit gastierte. Dadurch hatte ich Gelegenheit, meine Freundschaft mit ihm zu vertiefen.

Aus: *Die schweigende Muse* (1945/46)

München, 6. April 1928

Als ich gestern auf meiner Gastspielreise nach München kam, wurde ich auf dem Bahnhof von einer Person auf das unverschämteste von hinten gestoßen und gepufft, daß ich mich endlich protestierend nach dem Tölpel umdrehte. Eine Mannsperson ohne Kopf stand vor mir. Als der erste Schreck überstanden war, sah ich einen Kopf allmählich aus dem Pelzkragen des Mannes emporwachsen, und Ringelnatz stand vor mir. Welche Freude des Wiedersehens. Mehrere Stunden hatte er die Ankunft der Züge erwartet, er wußte nur durch die Zeitungen, daß ich kommen sollte, aber nicht wann oder von wo. Ich erinnere mich nicht, daß ich mich jemals über einen Empfang so gefreut habe.

München, 7. April 1928

Meine Badewanne ist voll herrlicher weißer Lilien: Ringelnatz' und Muschelkalks Ovation zu meiner ‚Kameliendame'. Sie duften stark und süß.
Gott weiß, warum Ringelnatz seine Frau Muschelkalk nennt. Ich werde nicht fragen …
Ich bin glücklich, einige Tage in der Stadt zu sein, wo sie wohnen.

München, 8. April 1928
Heute nachmittag war ich bei Ringelnatz'. Ihr Heim ist genau, wie ich es mir vorgestellt hatte. Das heißt, eigentlich weiß ich gar nicht, was da war, nur, von einigen Mahagonimöbeln, die meist mit verschiedenartigen Zeichnungen und Gemälden, Plastiken und Raritäten zu einem bezaubernden Ganzen zusammengeschmolzen sind, umrahmt von großen grünen Pflanzen, die das Leben genießen unter Muschelkalks guten Händen. Ringelnatz übergab mir ein Gedicht, das er nach meinem gestrigen Auftreten an mich geschrieben hat. Ich war beschämt und glücklich und konnte mich gar nicht bedanken.

Aus dem Tagebuch von Asta Nielsen

Drei Monate vor den gemeinsamen Hiddenseer Ferien, im März 1929, schrieb Ringelnatz ein weiteres Huldigungsgedicht für die geliebte Freundin mit der „Barfußmädchenseele".

Asta weiht einen Pokal

Du irrst, Asta, wenn Du denkst:
Dieser Pokal sollte Dein sein.
Du sollst ihn nur einweihn,
Daß Du ihn mir schenkst.

Der ich gestern wieder einmal
Vor Deiner Kunst glühte,
Trinke nun künftig aus diesem Pokal
Deinen Kuß und Deine Güte.

Denn das Herz ist durstiger als Kehle.
Glas zerbricht einmal, Menschenfleisch stirbt.
Deine große Barfußmädchenseele,
Asta, ewig lebt sie, webt und wirbt.

Aus: *Flugzeuggedanken,* 1929

Ein festes, unzerstörbares Freundschaftsband hat bereits in den sieben Jahren seit dem Kennenlernen beim Bühnenauftritt im SCHALL UND RAUCH in Berlin Asta Nielsen und Ringelnatz verbunden, als er für drei Urlaubswochen nach Hiddensee von dem Stummfilmstar eingeladen wurde.

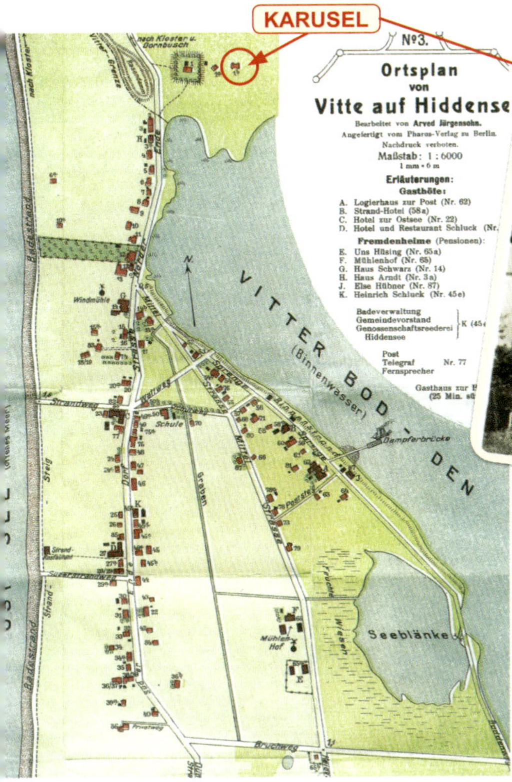

Ortsplan Vitte von 1924 und eine historische Postkarte Vitte-Norderende; rechts das Sommerhaus KARUSEL

Hiddenseer Ferien

Vom 10. Juni 1929 bis 1. Juli 1929 sind Ringelnatz und seine Frau das erste Mal zu Gast bei Asta Nielsen auf Hiddensee und gehören damit auch zu den ersten Gästen der Schauspielerin in ihrem frisch erworbenen Sommerhaus KARUSEL. Mit dabei in diesem Sommer ist auch Astas Familie: die tiefgeliebte Schwester Johanne, die lustige Tochter Jesta (1901–1964) und Astas damaliger Lebensgefährte, der schöne russische Schauspieler und Sänger Grigori Chmara (1886–1970), den sie bei Aufnahmen zu dem Film *Der Absturz* kennengelernt hatte.

Sommerhaus KARUSEL, Juli 2015

Foto: Danny Gohlke

Asta Nielsen als Operettendiva Kaja Falk und Grigori Chmara als Fischer Peter Karsten 1922 bei Dreharbeiten für den Stummfilm *Der Absturz* auf Hiddensee

Etwas später kommt noch der Freund und Schauspieler Heinrich George (1893–1946) dazu, mit dem Ringelnatz einige Kämpfe auszufechten hat … Die Filmdiva ist bereits seit Anfang Mai 1929 in ihrem „runden Paradies" auf der Insel und die Vorfreude auf Ringelnatz und Muschelkalk ist groß:

Hiddensee, 18. Mai 1929

… Ich habe heute Antwort auf unsere Einladung bekommen. Ringelnatz und Frau kommen hierher auf drei Wochen. Wir freuen uns sehr und haben sofort angefangen, das Gastzimmer in Ordnung zu bringen und die Erde um das Haus von Steinen zu reinigen, es ist eine Riesenarbeit, aber alles soll recht freundlich sein, wenn sie kommen, wir wollen Gras säen, und mir ist die Idee gekommen, einen Garten zu machen, wo nur Bäume wachsen sollen, die unsere Freunde einpflanzen. Ich werde deshalb Ringelnatz bitten, einen kleinen Baum mitzubringen, der soll der erste sein.

An Herbert Günther, dem späteren ersten Ringelnatz-Biographen, schreibt der Dichter am 21. Mai 1929 aus München:

Übrigens fahren wir am 10. Juni ca. für ein paar Wochen nach Hiddensee zu Besuch bei Asta Nielsen, worauf wir uns sehr freuen.

Anfang Juni ist sie froh, denn die Arbeit hat sich gelohnt: Das Haus ist schon von einem Grasteppich umgeben und „himmelblaue Decken" für die Gastbetten sind aus Stralsund gekommen. Das Wichtigste ist auch erledigt:

„Im Keller ist Pilsner und Korn aufgelagert, unsere Gäste können kommen."

Bett-Kopfteil, Originalmöbel des KARUSEL

Was dann genau aber dank des steinwütig-kreativen Gäste-Ehepaars gleich am ersten Tag mit ihrem schönen Grasgarten geschah („sah aus wie nach einem Erdbeben"), wird noch nicht verraten …

Ehe wir zum Zentrum des Geschehens, dem Sommerhaus KARUSEL, zurückkehren, wollen wir nun einen ausgedehnten Insel-Spaziergang unternehmen und die Orte aufsuchen, die den Dichter beglückten – begleitet von seinen wunderbaren Hiddensee- und Meeresgedichten.

Spaziergang über die Insel – mit Ringelnatz und seinen Versen

Kloster

Hier in Kloster, dem kulturellen Hauptort der Insel, gab es mindestens zwei Lokalitäten, die der dichtende Matrose immer wieder gern aufsuchte.

Ein Ort, der den geselligen, trinkfreudigen Ringel wie auch viele andere Berliner Künstler – vor allem Schauspieler, Regisseure und Schriftsteller – Ende der 20er/Anfang der 30er Jahre magisch anzog, war die damalige SCHANKWIRTSCHAFT AM BOLLWERK (direkt am Hafen Kloster, heute das Souvenir-Geschäft STRANDKISTE von Peter Engels, Hafenweg 10). Von außen hat sich kaum etwas an dem kleinen Gebäude geändert. An das quirlige Leben in dem großen Innenraum erinnert in dem gepflegten Verkaufsraum aber nichts mehr.

SCHANKWIRTSCHAFT AM BOLLWERK
Historische Aufnahmen

„Schankwirtschaft am Bollwerk“, heute „Strandkiste“
Die junge 26-jährige Schauspielerin, Kabarettistin und Journalistin Ellen Schwanneke schrieb in der vielgelesenen Berliner Unterhaltungszeitschrift TEMPO über das Treiben hier:

> … das etwas wilde Bollwerk, kleines Haus am Landungssteg, niedrig, verräuchert, verqualmt, wo abends, ja bis in die tiefe Nacht hinein ein wilder, losgelassener Haufen von Filmautoren, jungen Regisseuren, Schauspielern und Journalisten knobelnd die Schnapssätze des Wirts verhandelt und so ganz nebenbei auch mal von der Arbeit spricht, die eigentlich bei stillem Sommeraufenthalt für die kommende Saison vollendet werden sollte. Unsichtbar hängt im Bollwerk ein Schild an der Wand: ‚Von morgen an wird gearbeitet‘ – aber im Bollwerk ist ewig h e u t e.
>
> Aus: *Tempo*, Juli 1932

Jene Hiddenseer Gaststube am Hafen hieß in späteren Zeiten im Volksmund „die Giftbude".

ELLEN SCHWANNEKE (1906–1972) kam Ende 20er/Anfang der 30er Jahre regelmäßig nach Hiddensee. Sie war die Tochter des Schauspielers und Wirts VICTOR SCHWANNEKE (1880–1931), dem Ringelnatz das Gedicht *Schwannecke starb am 9. Juni 1931* widmete:

(…)
Er ging mich nicht viel an. Doch er war gut,
Und das ist viel. Warum – muß ich nun fragen –
Fand zwischen Scheu und Scheu sich nicht der Mut
Einander Herzlicheres frei zu sagen?

Über dessen Freitod schrieb er vier Tage später an Asta Nielsen:
Daß Schwannecke gestorben ist, hast Du wohl gelesen. Es ging mir recht nahe.
Das 1921 gegründete Lokal des Schauspielers, WEINSTUBE STEPHANIE, genannt SCHWANNEKE, in der Berliner Rankestraße, ein paar Minuten entfernt vom ROMANISCHEN CAFÉ war ein gut besuchter Treffpunkt der Literaten und Theaterleute, die sich hier bei vorzüglicher Weinkarte nach Premieren und Theaterabenden trafen. Stammgast Ringelnatz als auch die Schauspieler Werner Krauss, Fritz Kortner, Elisabeth Bergner und die Schriftsteller Carl Zuckmayer, Egon Erwin Kisch, Ödon von Horvath und die Kabarettisten um Trude Hesterbergs WILDE BÜHNE, darunter Moriz Seeler, waren hier zu finden. Friedrich Hollaender feierte ausschweifend seine Premieren.

Szenenfoto von *Unmögliche Liebe* (1932), in der Mitte Asta Nielsen, rechts die Filmtochter Ellen Schwanneke

Ellen Schwanneke wirkte als Kabarettistin an Friedrich Hollaenders „Tingel-Tangel-Theater". Sie debütierte 1931 im Film und hatte ihre erste Hauptrolle im vieldiskutierten Film *Mädchen in Uniform.* Ein Jahr darauf spielt sie an der Seite Asta Nielsens in deren einzigem Tonfilm *Unmögliche Liebe* (1932) eine der beiden Töchter der Bildhauerin.
Nebenbei ist sie auch immer wieder journalistisch für Berliner Zeitschriften tätig und hat wie in diesem *Tempo*-Artikel die „Theater-Film-Achse" von Berlin nach Hiddensee beschrieben.

Ich, Ringelnatz

Ich komme und gehe wieder,
Ich, der Matrose Ringelnatz.
Die Wellen des Meeres auf und nieder
Tragen mich und meine Lieder
Von Hafenplatz zu Hafenplatz.
Ihr kennt meine lange Nase,
Mein vom Sturm zerknittertes Gesicht.

Dass ich so gern spaße
Nach der harten Arbeit draußen,
Versteht ihr das?
Oder nicht?

Aus: *Der Nachlaß*, 1935

Ölgemälde von Ringelnatz *Hafenkneipe*, 1933
Privatbesitz

Von der ehemaligen lustigen SCHANKWIRTSCHAFT AM BOLLWERK gehen wir am Klosteraner Seglerhafen entlang zu dem kleinen Deichweg. Rechts kommen wir am ältesten großen Hotel der Insel vorbei, dem HOTEL HITTHIM (1909/10 erbaut, „Beliebter Sommeraufenthalt gebildeter Kreise“, wie es in einer Anzeige aus den 20er Jahren heißt). Im heutigen Gästebuch des Hotels hat sich der Schauspieler und hervorragende Ringelnatz-Rezitator OTTO SANDER mit der Zeile: „Nicht nur Ringelnatz war hier“ verewigt.

gedeckte Terrasse. Hübscher **Garten** mit Lauben. Unterhaltungs- u. Lesezimmer. Bücherei. Zeitungen. Kostenfreie Seebäder in eigenen Badehäusern am Badestrande. Warme Wannenbäder. **Ruder- und Segelboote.** Wasserleitung und Kanalisation. **Stets gute helle Beleuchtung.** Zahlreiche **Balkons** und **Loggien** an den Zimmern mit prächtigen Ausblicken. **Gute Betten.** Ungestörte Nachtruhe. **Feine bürgerliche Küche. Solide Preise.**

Verpflegung reichlich und gut.

Beliebter Sommeraufenthalt gebildeter Kreise

Hausdiener am Dampfer.

Fernsprecher: Amt Vitte Nr. 8.

Bes.: **C. Haeckermann.**

HOTEL HITTHIM mit Auszug einer Hotelanzeige von 1924

Ehemaliger GASTHOF SCHLIEKER

Wir laufen zum ältesten Gasthof der Insel, dem GASTHOF SCHLIEKER, später GAU oder GASTHOF ZUM DORNBUSCH (seit 1875), jetzt Wohnhaus der Familie Bach. Das Haus war am 29. Juli 1885 erster Übernachtungsort für den jungen GERHART HAUPTMANN, als dieser gemeinsam mit seinem Bruder Carl und zwei Jugendfreunden einen kurzen Abstecher von seiner Rügenschen Hochzeitsreise machte. Hier entstand das Gedicht *Mondscheinlerche* des 22-Jährigen, welches die Zaubereinsamkeit der Hiddenseeschen Landschaft besingt und den intensiven Gesang des Sprossers beschreibt. Diese erste Absteige dient Hauptmann später als Schauplatz für sein Drama *Gabriel Schillings Flucht* (1912). Im 2. Akt beschreibt er das Innere des Gebäudes mit der steilen Treppe sehr genau, wobei der alte Gasthof im Stück *Klas Olfers Krug* heißt. Hauptmann hatte von dem Gasthof aus einen freien Blick zur Ostsee. Die alte Ulme vor dem Gebäude, die schon 1885 dort stand, fiel leider 2011.

Hotel Dornbusch
Postkarte um 1929

Das Appartement-Haus Dornbusch 2007

Unmittelbar neben dem alten Haus steht ein großes blau-weißes Fachwerkhaus, das heutige APPARTEMENT-HAUS DORNBUSCH (Weißer Weg 2–3).

Dieses Haus wurde 1912 gebaut und 1913 als HOTEL DORNBUSCH von dem Hiddenseer Paul Gau mit 35 Zimmern und 60 Betten eröffnet. Der alte GASTHOF ZUM DORNBUSCH war für die sprunghaft gestiegene Zahl der Sommergäste zu klein geworden.

Das HOTEL DORNBUSCH

Sesshafte Gäste im Romanischen Café, ca. 1930

Dieses schöne Haus mit Vorgarten, das nur noch die denkmalgeschützte Fassade mit dem HOTEL DORNBUSCH der 20er Jahre gemein hat, war in den 20er und 30er Jahren und insbesondere zu Ringelnatz' Zeit *der* Treffpunkt der Berliner Künstler auf Hiddensee.

Trafen sich die Schriftsteller, Journalisten, Verleger, Schauspieler, Regisseure und Möchtegern-Literaten in den Herbst- und Wintermonaten im ROMANISCHEN CAFÉ, *dem* Künstlercafé im Berliner Westen an der Gedächtniskirche (Tauentzien-/Ecke Budapester Straße 10, zerstört, heute steht dort das Europa-Center), begegneten sie sich in den Sommermonaten im HOTEL DORNBUSCH in Kloster auf Hiddensee. Viele arme Künstler saßen im Berliner Künstlertreffpunkt den lieben langen Tag an einem der kleinen runden Tische bei einer einzigen Tasse Kaffee und zwei Eiern im Glas und dachten sehnsuchtsvoll an die schöne Insel Hiddensee – wie es der heute unbekannte jüdische Lyriker Josef Kastein in einem Gedicht beschreibt. Und darum wurde das HOTEL DORNBUSCH in den Berliner Künstlerkreisen auch das „Romanische Café in der Ostsee" genannt.

Romanisches Café in Berlin, hinter der Gedächtniskirche
Postkarte um 1930

Ein Stammgast im ROMANISCHEN CAFÉ in Berlin war Ringelnatz – über ihn und Ludwig Hardt schrieb der Zeitzeuge Georg Zivier in *Das Romanische Café* (1965):

Nicht alle im „Romanischen“ mochten Ludwig Hardt, den Rezitator und Reitersmann. Seine Streitbarkeit wurde nur noch von den Heftigkeitsausbrüchen des Seemanns Joachim Ringelnatz übertroffen, der aber bevorzugte die Gaststätten, in denen der Rotwein floß oder der Sekt. Ringelnatz' Faust saß locker. Auf „drohende Reden“ folgten, bei hohem Seegang, schnell Schläge.

Ringelnatz-Karikatur von Fred Dolbin, Stammgast im Romanischen Café

Diese kleine Insel nordwestlich von Rügen, dieses Hiddensee mit dem Dorf Kloster nannte man das „Romanische Café unter den Ostseeinseln“. Hier trafen sich in den heißen Monaten viele von denen, die sonst im „Kleinen und Großen Bassin“ an der Gedächtniskirche saßen, redeten, lasen oder Schach spielten. Joachim Ringelnatz kam, der Seemann, der niemals ins Wasser ging, sondern schon vormittags im Gasthof ‚Zum Dornbusch‘ viel Sekt trank.

Wie im ROMANISCHEN CAFÉ in Berlin, wurde Joachim Ringelnatz auch ein sehr spezieller Trink- und Tanz-Stammgast im HOTEL DORNBUSCH, auch wenn er in diesem Künstler- und Prominentenhotel nicht logierte.

George Grosz

Alfred Flechtheim

Tilla Durieux

Veit Harlan

Welche seiner Berliner Freunde und Bekannten konnte Ringelnatz *hier* treffen? Von den Personen, deren Namen auf den erhaltenen Gästelisten des HOTELS DORNBUSCH aufgeführt sind, seien nur diejenigen genannt, die Ende der 20er Jahre Stammgäste waren und die nachweislich Kontakte zu Ringelnatz in Berlin hatten. Da wären zum Beispiel der Zeichner und Maler GEORGE GROSZ (1893–1959), mit dem Ringelnatz in der Kunstszene der Metropole bei gemeinsamen Ausstellungen 1923 in der angesehenen GALERIE FLECHTHEIM reüssierte und der ein ständiger Hotelgast war, daneben der Galerist und Verleger selbst, der jüdische Kunsthändler ALFRED FLECHTHEIM (1878–1937), oder die Schauspielerin TILLA DURIEUX (1880–1971) zu nennen. Der junge Filmemacher VEIT HARLAN (1899–1964) war in den 20er und 30er

Gottfried Benn

Else Lasker-Schüler

Conrad Veidt

Ernst Blass

Carl Zuckmayer

Jahren häufiger Sommergast im HOTEL DORNBUSCH – und in Berlin ab 1930 ein unmittelbarer Nachbar von Ringelnatz, der am Sachsenplatz wohnte (heute Brixplatz). Später im „Dritten Reich“ drehte er schlimmste Propaganda- und Hetzfilme wie den berühmt-berüchtigten *Jud Süß* (1940). Bisher kaum bekannt ist, dass Harlan in seinem Melodram *Opfergang* (1943) neben Hamburg der geliebten Insel Hiddensee ein filmisches Denkmal setzte. – Ringelnatz, der ein hochtalentierter, leidenschaftlicher Maler war, hätte hier auch den geschätzten Zeichnerfreund Emil Orlik (1870–1932) oder den Aquarellisten Albert Klatt (1892–1970) treffen können, der allein im Sommer 1929 drei Mal im HOTEL DORNBUSCH logierte. Vom Berliner Lokal SCHWANNEKE her kannte Ringelnatz die Schauspieler Conrad Veidt (1893–1943) und Alexander Granach (1893–1945) und den österreichischen Sänger und Schauspieler Willi Forst (1903–1980), deren ständiges Sommer- und Wochenendziel das HOTEL DORNBUSCH war. Einige Stammgäste des ROMANISCHEN CAFÉS, die auch hier im „Café der Prominenten“ – so wurde das Dornbusch von Mascha Kaléko (1907–1975) im Gedicht *Kurzer Reisebericht* genannt – zu finden waren, sind die jüdische Dichterin selbst, der sanfte Lyriker Ernst Blass (1890–1939), der Theaterautor Carl Zuckmayer (1896–1977) und Moriz Seeler (1896–1942), der Schriftsteller, Theaterregisseur und Mitbegründer der Berliner „Wilden Bühne“ von Trude Hesterberg, wo Ringelnatz regelmäßig auftrat.

Sicher hätte es Ringel gefreut zu erfahren, dass der von ihm hochverehrte Lyriker Gottfried Benn (1886–1956) schon im August 1913 im gleichen Hotel zu Gast gewesen war. (Noch vier Monate vor seinem frühen Tod 1934 ließ sich der sterbenskranke Ringelnatz von Muschelkalk ausgerechnet Benns düsteren, ersten Gedichtband *Morgue* von 1912 schicken und las intensiv die Leichensezierungs-, Krankheits- und Todesgedichte.)

Benn hatte sich auf der Liebesinsel Hiddensee von seiner 17 Jahre älteren Geliebten, der Lyrikerin und Bohème-Königin Else Lasker-Schüler (1869–1945) getrennt, weil er im HOTEL DORNBUSCH die Gesellschaftsdame und Schauspielerin Edith Brosin geb. Osterloh kennengelernt und sich leidenschaftlich in sie verliebt hatte.

Von Ringelnatz und Else Lasker-Schüler ist in jüngerer Zeit eine amüsante Episode ihrer Bekanntschaft – die im Herbst 1919 im CAFÉ DES WESTENS (auch CAFÉ GRÖßENWAHN genannt) in Berlin spielt –

Im Hintergrund: Gästebuchauszug „Hotel Dornbusch“

ans Tageslicht gekommen. Der Maler und Lithograph Oskar Coester (1886–1955), langjähriger Freund von Ringelnatz, berichtet in einem Brief vom 3. April 1953 an Muschelkalk, nachdem diese sich bei ihm erkundigt hatte, wie Ringelnatz die letzten Jahre vor ihrer Hochzeit 1920 zubrachte, unter anderem folgendes:

„Wir trafen uns im Herbst '19 in Berlin wieder u. zwar im Café des Westens an einem winzigen Einbeintischchen, an dem er gerade sein Stück ‚Vekalien' beendet hatte im Lärm des überfüllten Lokals. (...) Ein völlig verdreckter Dichter entrüstete sich eben in diesem Café, bei anderer Gelegenheit, dass R. an diesem Abend die Lasker-Schüler heimgeleitet u. bei ihr um Beischlaf nachgesucht habe, zwecks näheren Kennenlernens. Dazu schnupfte er Kokain, der Dichter."

Manuskript in der Sammlung Norbert Gescher-Ringelnatz, veröffentlicht bei Frank Möbus: *Nach Berlin, nach Berlin, nach Berlin*, 2010

Was machte und mochte Joachim Ringelnatz nun konkret im und am HOTEL DORNBUSCH?

Der Dichter saß hier fast täglich auf der vorderen Terrasse des Hauses (damals noch nicht überdacht, heute Veranda-Frühstücksraum mit großen Fenstern) zum Trinken, und am Wochenende war er begeisterter Besucher des schönen großen Tanzsaals mit Holzfußboden (leider 1994 beim Umbau abgerissen; heute befinden sich im hinteren Bereich moderne Appartements).

Billy Wilder

Ein zeitgenössischer Beobachter der Ringelnatz'schen Tanzkunst meinte, dass der Dichter, weil er nie den Walzerschritt begriffen hätte, sich mit kuriosen Sprüngen behelfen musste, und darum sei der kleine Mann immer so aufgefallen! Schön, sich vorzustellen, dass Ringelnatz zwischen 1929 und 1932 hier auf einen anderen witzigen, schlagfertigen Mann mit langjährigen Tanzerfahrungen (Eintänzer im HOTEL EDEN in Berlin) hätte treffen können: den jungen Billy Wilder (1906–2002) nämlich, der nach neuesten Erkenntnissen zwischen 1927 und 1932 zusammen mit seinem Drehbuchautor-Freund Max Colpet (1905–1998) Stammgast im HOTEL DORNBUSCH war, die Einheimischen also nicht nur im „Tanz-in-den-Abgrund-Jahr" 1932 fünf Wochen lang bei Laune hielt.

Ringelnatz-Aquarell zu *...liner Roma...*, um 1922/23

Im Hiddenseer Heimatarchiv fand sich ein aussagekräftiger Beleg für die Vorliebe des Dichters für das HOTEL DORNBUSCH, verbunden mit einem Hinweis des Hiddenseer Lehrers Heinrich Berg auf eine allgemeine, noch heute bestehende Vorliebe der Hiddenseer selbst.

Heinrich Berg schrieb in seinen Aufzeichnungen:

> ***Ringelnatz war ein trinkgewaltiger Mann, und er befand sich auf Hiddensee an der richtigen Quelle. Wenn er seinen Spaziergang über das Hochland gemacht hatte, kehrte er regelmäßig im „Dornbusch" ein. Er trank seinen Klaren aber nicht wie wir als kleinen Schnaps, sondern aus Weingläsern. (...) Der langjährige Ober aus dem „Dornbusch" wußte das schon und vermied es, ihm mit einem kleinen Glas unter die Augen zu treten.***

Heinrich Berg: *Prominente Gäste auf Hiddensee* (Aufsatz)

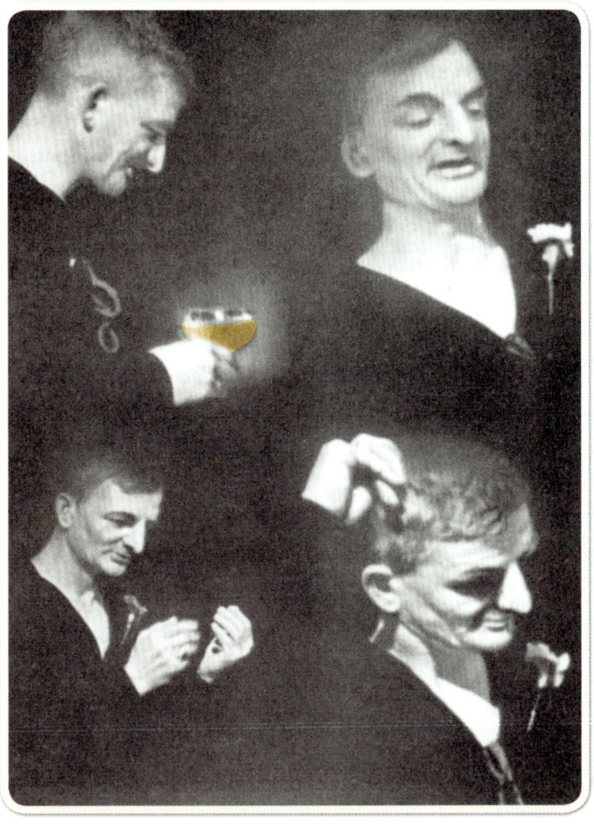

Ringelnatz beim Vortrag
Photomontage, Mitte der 20er Jahre

Wer heute einen kurzen Abstecher nach Neuendorf in die vormals beliebte Künstlerabsteige HOTEL AM MEER mitten im Dorf macht, kann in einer kleinen Gästebuch-Ausstellung im hinteren Eingangsbereich einen schönen (und gar nicht verwunderlichen) „Berufseintrag" finden.

Hotel am Meer, Neuendorf – heute

Der Natz schrieb:

Beruf: *Ich trinke einen Korn.*
Nach dem anderen.

Im gleichen Neuendorfer Hotel war kurze Zeit später, Anfang Dezember 1931, Hans Fallada (1893–1947) zu Gast.

Er schrieb hier – nach einer Schreibkrise in Berlin – wie im Rausch fast den gesamten zweiten Teil seines späteren Welterfolgs *Kleiner Mann – was nun?* Neben dem produktiven Schreiben frönte er zwei Leidenschaften auf Hiddensee, die er mit Ringelnatz teilte: mit den Fischern trinken und Bernsteine suchen.

Durch Ernst Rowohlt, ihren gemeinsamen Verleger, kannte Fallada Ringelnatz gut. Dieser konnte seit 1927 alle seine Gedichtbände und autobiografischen Schriften bei dem mit ihm befreundeten Rowohlt verlegen lassen. Fallada arbeitete 1930/31 als Halbtags-Angestellter im Rowohlt Verlag und wusste etwa zu berichten, dass alle Verlagsmitarbeiter nach einem Besuch von Ringelnatz immer frohe Gesichter hatten. Durch den dänischen Asta-Nielsen-Nachlassverwalter Allan Hagedorff wurde 1996 zudem bekannt, dass Hans Fallada sich im Hiddenseer Gästebuch Asta Nielsens verewigt hat. Es sind also weitere Begegnungen im Sommerhaus des Stummfilmstars zwischen Ringelnatz und Fallada 1929, 1931 oder 1933 denkbar …

Auch wenn Ringelnatz in den 20er Jahren des öfteren den schwankenden Matrosen bloß inszenierte – weil dies das Publikum von ihm erwartete –, einem Pommerschen Korn war er zu keiner Zeit abgeneigt.

Schon 1921 vermerkte Ringelnatz im Gästebuch eines Freundes knapp:

„Nur zwei Zeilen, wie sich das versteht:
Schnaps ist alle, Ringelnatz, der geht."

An den Schriftsteller Stefan Zweig (1881–1942), der 1931 auch auf der Insel weilte, schrieb Ringelnatz melancholischer:

„Großer Dichter, die Welt ist nur durch
eine rosarote Brille zu ertragen,
meine ist der Schnaps"

Hotel Dornbusch (mit sumpfigen Wiesen)
Kolorierte Postkarte, 20er Jahre

Tanz im Dornbusch
Ende der 50er Jahre

Ein anderes, doppeltes „Versumpfen“ auf Hiddensee schilderte die Freundin Asta Nielsen auf anschauliche Weise:

Hiddensee, 20. Juni 1929

... Er taucht in den merkwürdigsten Sachen auf. Zum Beispiel spazierte er heute herum mit einer Baskenmütze, kokett angebracht auf dem einen Ohr. Die Mütze hatte er gestern abend, sagte er, zur Erinnerung an eine schöne, junge Dame auf dem Hotelball geschenkt bekommen. Übrigens trank er gestern Abend mit vier Fischern an der Schenke, und auf dem Heimweg war er zu klug, um mit uns anderen den gewöhnlichen Weg nach Hause zu gehen, er wusste einen viel besseren. Er kam zwei Stunden später als wir nach Hause, bis zur Taille durchnäßt, nachdem er in einen Sumpf hineingeraten war.

Hiddensee, 24. Juni 1929

... Die Sache mit der Baskenmütze bekam ein Nachspiel. Die Dame hat sie zurückverlangt, weil eine Goldnadel sich darin befinden sollte. Da Ringelnatz aber irgendwo die Mütze vertauscht hat, Baskenmützen sind doch einander wie Flöhe ähnlich, hat er ein schönes Gedicht an die Frau geschrieben und ihr das heute persönlich gebracht. Groß war aber seine Überraschung, als die Frau eine ganz andere war, als er sich zu erinnern glaubte, aber das Gedicht paßte immerhin, und die Sache war gerettet.

Aus dem Tagebuch von Asta Nielsen

Dieses spezielle Gedicht an die schöne junge Dame, die dann doch eine ganz andere war, ist leider nicht erhalten, aber es gibt ein Ringelnatz-Gedicht für alle schönen Frauen mit schönen Katzen, das im Jahr seines ersten Aufenthalts auf Hiddensee entstand:

Schöne Frauen mit schönen Katzen

Schöne Fraun und Katzen pflegen
Häufig Freundschaft, wenn sie gleich sind,
Weil sie weich sind
Und mit Grazie sich bewegen.

Weil sie leise sich verstehen,
Weil sie selber leise gehen,
Alles Plumpe oder Laute
Fliehen und als wohlgebaute
Wesen stets ein schönes Bild sind.

Unter sich sind sie Vertraute,
Sie, die sonst unzähmbar wild sind.

Fell wie Samt und Haar wie Seide.
Allverwöhnt. – Man meint, daß beide
Sich nach nichts, als danach sehnen,
Sich auf Sofas schön zu dehnen.

Schöne Fraun mit schönen Katzen,
Wem von ihnen man dann schmeichelt,
Wen von ihnen man gar streichelt,
Stets riskiert man, daß sie kratzen.

Denn sie haben meistens Mucken,
Die zuletzt uns andre jucken.
Weiß man recht, ob sie im Hellen
Echt sind oder sich verstellen?

Asta Nielsen lachend mit Katze und anderem Hut auf Hiddensee, 1931
Privatbesitz
Erstveröffentlichung

Weiß man, wenn sie tief sich ducken,
Ob das nicht zum Sprung geschieht?
Aber abends, nachts, im Dunkeln,
Wenn dann ihre Augen funkeln,
Weiß man alles oder flieht
Vor den Funken, die sie stieben.

Doch man soll nicht Fraun, die ihre
Schönen Katzen wirklich lieben,
Menschen überhaupt, die Tiere
Lieben, dieserhalb verdammen.
Sind Verliebte auch wie Flammen,
Zu- und ineinander passend,
Alles Fremde aber hassend.

Noch heute besucht manche Katze still und heimlich das KARUSEL

Ob Sie anders oder so sind
Ob sie männlich, feminin sind,
Ob Sie traurig oder froh sind,
Aus Madrid oder Berlin sind,
Ob sie schwarz, ob gelb, ob grau, –

Auch wer weder Katz noch Frau
Schätzt, wird Katzen gern mit Frauen,
Wenn sie beide schön sind, schauen.

Doch begegnen Ringelnatzen
Häßlich alte Fraun mit Katzen,
Geht er schnell drei Schritt zurück.
Denn er sagt: Das bringt kein Glück.

Aus: *Flugzeuggedanken*, 1929

1929/30 schrieb Ringelnatz ein wunderschönes Gedicht mit dem Titel *Morgenwonne*, das pure Lebensfreude ausdrückt. An einem Hiddenseer Sommertag lässt sich diese leicht nachempfinden.

Joachim Ringelnatz, *Frühlicht*
Öl auf Leinwand, vor 1931

Felix Krause, *Ein freudiger Tag. Hiddensee*
Öl auf Leinwand, 1906

Morgenwonne

Ich bin so knallvergnügt erwacht.
Ich klatsche meine Hüften.
Das Wasser lockt. Die Seife lacht.
Es dürstet mich nach Lüften.

Ein schmuckes Laken macht einen Knicks
Und gratuliert mir zum Baden.
Zwei schwarze Schuhe in blankem Wichs
Betiteln mich „Euer Gnaden".

Aus meiner tiefsten Seele zieht
Mit Nasenflügelbeben
Ein ungeheurer Appetit
Nach Frühstück und nach Leben.

Aus: *Gedicht dreier Jahre*, 1932

Wir gehen nun vom heutigen APPARTEMENT-HAUS DORNBUSCH und dem dazugehörigen Restaurant INSELSTUBE über den Verbindungsweg zur Hauptstraße, und linkerhand eröffnet sich ein herrlich freier Blick über die weiten Wiesen gen Vitte und auf einen größeren Tümpel.

In der Nähe des Tümpels standen jahrzehntelang schwarzbunte Milchkühe, ein beliebtes Motiv vieler Hiddenseer Maler und Male-

Elisabeth Büchsel, *Kühe an der Blänke bei Kloster*
um 1905

rinnen, wie etwa Elisabeth Büchsel (1867–1957). Mittlerweile sind aus den Kühen an dieser Stelle allerdings Pferde geworden.

Diesen Blick über die Salzwiesen, an den Kühen respektive Pferden vorbei auf das damals freistehende und weithin sichtbare Sommerhaus KARUSEL von Asta Nielsen fängt Ringelnatz in der ersten Strophe seines berühmtesten Hiddensee-Gedichts ein:

Insel Hiddensee

Kühe weiden bis zum Rande
Großer Tümpel, wo im Röhricht
Kiebitz ostert. – Nackt im Sande
Purzeln Menschen selig töricht.

Und des Leuchtturms Strahlen segnen
Eine freundliche Gesundheit.

Andererseits: Vor steiler Küste
Stürmen Wellen an und fliehen. –
Nach dem hohen Walde ziehen
Butterbrote und Gelüste.

Fischerhütten, schöne Villen
Grüßen sich vernünftig freundlich.

Steht ein Häuschen in der Mitte,
Rund und rührend zum Verlieben.
„Karusel" steht angeschrieben
Dieses Häuschen zählt zu Vitte.

Asta Nielsen – Grischa Chmara,
Unsre Dänin und der Russe –.

Auf dem Schaukelpolster wiegen
Sich zwei Künstler deutsch umschlungen. –
Gar kein Schutzmann kommt gesprungen. –
Doch im Bernstein träumen Fliegen.

Um die Insel rudern, dampfen
treiben, kämpfen Boote, Bötchen.

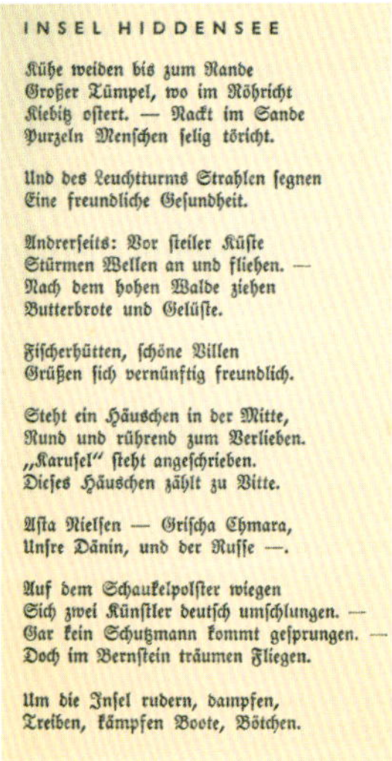

INSEL HIDDENSEE

Kühe weiden bis zum Rande
Großer Tümpel, wo im Röhricht
Kiebitz ostert. — Nackt im Sande
Purzeln Menschen selig töricht.

Und des Leuchtturms Strahlen segnen
Eine freundliche Gesundheit.

Andrerseits: Vor steiler Küste
Stürmen Wellen an und fliehen. —
Nach dem hohen Walde ziehen
Butterbrote und Gelüste.

Fischerhütten, schöne Villen
Grüßen sich vernünftig freundlich.

Steht ein Häuschen in der Mitte,
Rund und rührend zum Verlieben.
„Karusel" steht angeschrieben.
Dieses Häuschen zählt zu Vitte.

Asta Nielsen — Grischa Chmara,
Unsre Dänin, und der Russe —.

Auf dem Schaukelpolster wiegen
Sich zwei Künstler deutsch umschlungen. —
Gar kein Schutzmann kommt gesprungen. —
Doch im Bernstein träumen Fliegen.

Um die Insel rudern, dampfen,
Treiben, kämpfen Boote, Bötchen.

Joachim Ringelnatz: *Gedichte dreier Jahre* Erstauflage, Rowohlt Verlag, 1932 Schutzumschlag mit Ringelnatz-Karikatur von Olaf Gulbransson. Dieser Gedichtband enthält einige Gedichte, die auf Hiddensee entstanden sind oder die Inselerlebnisse widerspiegeln.

Joachim Ringelnatz
Kühe im Nebel
Aquarell, undatiert

Kühe

Wie in der ersten Frühe
Der Nebel feig
Sich dünne macht, stehn auf der Wiese Kühe,
Und eine davon klackst jenen erstaunlich viel grünen Teig.

Als wie im Paradiese!
Warme Mastbäuche rauchen,
Rührende Rotzmäuler tauchen
In die Champagnerbläschen der Wiese.

Sie wandeln mit viehischer Majestät
Innerhalb ihrer Grenze,
Schieben das Restchen von Nervosität
In die Quaste ihrer Schwänze,

Und ihre Euter schwappeln und schlenkern
So hunds-glücklich gemein – –
Auch unter den Fürsten und ersten Künstlern und Denkern
Benehmen sich manche wie ein Schwein.

Kloster – Villenpartie
Postkarte, Mitte 20er Jahre

Ehemaliges Sommerhaus von Otto Gebühr

Rechterhand machen wir auf dem kleinen Pfad zum WIESENECK eine kurze Rast mit einem Blick auf die 1919–1924 entstandenen Villen am Rande von Kloster.

Landhaus Otto Gebühr

In der Mitte steht ein braunes Holzhaus mit grünen Fensterläden. Das war lange, von 1919 bis Anfang der 50er Jahre, das Sommerhaus des Schauspielers und Hiddensee-Stammgastes Otto Gebühr (1877–1956). Er kam bereits seit 1908 regelmäßig auf die Insel.

Otto Gebühr ist durch die Verkörperung der Rolle des ‚Alten Fritz' in vielen Filmen und auf der Theaterbühne in den 20er, 30er und 40er Jahren in Deutschland sehr populär gewesen. Heute ist sein Name nur noch meinen ältesten Führungsteilnehmern ein Begriff.

Er gehörte zu den wenigen Künstlern, die auf Hiddensee ein eigenes Haus besaßen. In früheren Jahren (1904/05) hatte der Maler und Holzhändler Oskar Kruse (1847–1919) die prächtige LIETZENBURG in Kloster erbauen lassen, die zum Künstlertreffpunkt wurde. Der Architekt und Maler Hermann Muthesius (1861–1927) führte mit seiner Frau ein gesellig-musikalisches Künstlerleben in einem umgebauten alten Fischerhaus (MUTHESIUS-HAUS) in Vitte (seit 1912, heute HAUS NOWAK). 1928 erwarb die Schauspielerin Asta Nielsen das von Max Taut 1922 ursprünglich für den kaufmännischen Direktor Richard Müller errichtete Sommerhaus und verbrachte bis 1936 mit vielen Schauspieler- und Schriftstellergästen vergnügte Ferien im Sommerhaus KARUSEL. Nach langer Verbundenheit mit der Insel als Mieter kaufte Gerhart Hauptmann 1930 das HAUS SEEDORN, wo er bis 1943 produktiv tätig war und schöne Weinabende für ausgewählte Gäste gab. Zu DDR-Zeiten konnte die Tänzerin und Tanzpädagogin Gret Palucca (1902–1993) ein eigenes Sommerhaus am Norderende von Vitte errichten lassen (seit 1960/61, 2009 leider abgerissen). All die anderen zahlreichen Künstler waren Stammgäste in Hotels, Pensionen oder mieteten privat.

Otto Gebühr, Asta Nielsen und Grigori Chmara bei der Ankunft im Hafen Vitte, Juli 1928
Stiftung Deutsche Kinemathek

Otto Gebühr war mit Asta Nielsen befreundet, die er aus der Berliner Theater- und Filmszene gut kannte. Durch Asta ergaben sich einige (Trink-)Kontakte mit Ringelnatz in den Hiddenseer Kneipen. Alle drei verband zudem eine Leidenschaft für das Malen.

Nach neueren Zeitzeugenerinnerungen hat auch der volkstümliche Schauspieler und Sänger Hans Albers (1891–1960) in den 30er/40er Jahren seinen Freund Otto Gebühr oft auf Hiddensee besucht. Man musizierte zusammen, Hans auf dem Akkordeon, Otto auf der Laute – oder kloppte Skat. Ringelnatz wiederum pflegte zumindest in den letzten Berliner Jahren freundschaftlichen Kontakt zu Albers, vor allem in den Kneipen in Neu-Westend. Verbunden hat die beiden auch ein gemeinsames Lieblingslied, die alte Seemannsweise *La Paloma*. Asta Nielsen meinte: „Ringelnatz, der damals einer der genialsten Dichter Deutschlands war, hielt ‚La Paloma' für das beste Musikstück der Welt", welches später durch Hans Albers' Gesangseinlagen im Film *Große Freiheit Nr. 7* sehr populär geworden ist.

Otto Gebühr (links) und unbekannter Freund vor dem Sommerhaus, 1924
ullstein bild
Erstveröffentlichung

Ein schönes Detail berichtete mir vor einigen Jahren die Nachfolgebesitzerin des ehemaligen Sommerhauses von Otto Gebühr. Sie wiederum hatte es Ende der 50er Jahre von seinem Sohn Michael erfahren: Otto Gebühr winkte immer mit einem großen weißen Laken aus dem oberen Schlafzimmerfenster, wenn er Freundin Asta zum Kaffeetrinken nach Kloster einladen wollte. Sie kam dann auch gern über die große Wiese geeilt – zu ihm ins Haus, wo sie blieben oder von wo aus sie gemeinsam zum nahegelegenen LANDHAUS WIE-

SENECK aufbrachen, das 1921 einen Anbau, das KLOSTERKAFFEE, bekam, auf dessen Terrasse Asta Nielsen gern gesessen haben soll. Von dort hatte man genau wie von Gebührs Haus aus einen wunderbaren Blick über die weiten Wiesen zum Norderende von Vitte und das damals ganz frei stehende Sommerhaus KARUSEL.

Schon einige Jahre bevor Asta Nielsen Bekanntschaft mit der Insel machte, war der Schauspieler Otto Gebühr ein glücklicher Mensch auf und wegen Hiddensee und entspannte in den Theaterferien lange Sommer im eigenen Hause. Immer wieder schön zu lesen ist seine Beschreibung der „Wahlheimat Hiddensee“ von 1927:

In einer Stunde bin ich eingelebt, als ob ich dieses Häuschen nie verlassen hätte. Zuerst ins Meer, das erste Bad! (…) Ja, ich gehe einholen zu Dittmanns. (…)
Die erste Nacht ist wunderbar. Der weitgespannte Sternenhimmel, am Horizont Leuchtbojen, Lichter der Leuchttürme …, dann die Lichtlein in den kleinen Fenstern, dazu diese himmlische Ruhe und das Rauschen des Meeres (…).
Das Tagespensum: Sieben Uhr auf. Baden im Meere. Einmal um den Nordteil der Insel laufen. Dann wird das Frühstück gemacht. Lesen. Schreiben. In der Sonne liegen. Baden. Wieder in der Sonne. Bis mittag. Schlafen. Großer Spaziergang oder malen bis zum Abend. Dann werden liebe Freunde besucht, oder man geht ins Gasthaus, spielt dort mit dem Großvater und dem Lehrer einen kleinen Skat. Sonntags hin und wieder ein Tänzchen. Früh ins Bett.
Die Insel offenbart stets neue Reize. Immer ist sie unbeschreiblich schön, ob die Sonne alles überstrahlt, ob der Sturm die Wolken fegt, ob ein Regen alles blankwäscht, immer zeigen sich neue Schönheiten. Sie ist ein Zaubergarten. Hier kann sich der Künstler erholen und neue Anregungen, neue Gedanken, neue Phantasien für seine Werke sammeln.

Otto Gebühr als junger Schauspieler

Im Gegensatz zu Gerhart Hauptmann war Otto Gebühr bei den Insulanern sehr beliebt. Er sang Lieder zur Laute oder zur Gitarre und erzählte – seit 1935 in Begleitung seiner 36 Jahre jüngeren zweiten Frau Doris – in den Inselkneipen „Schnacks“. Viele Hiddenseer duzte er und begegnete ihnen von gleich zu gleich. Einige porträtierte er, die Staffelei im Haus oder Garten wurde fast täglich benutzt.

Sein Sohn Michael Gebühr berichtete, dass sein Vater, mit dem er die letzten Kriegsjahre komplett auf Hiddensee verbrachte (nachdem die Berliner Wohnung 1943 zerbombt worden war), „die russischen Offiziere in Öl malen musste, wozu er aus Stralsund Gold- und Silberfarbe brauchte wegen der Rangabzeichen und vielen Orden“ und die Bezahlung in einem umgesägten Telegrafenmast zum Verheizen bestand. In einem Brief an Asta Nielsen vom 15. Mai 1947 – den Renate Seydel in ihrem Buch *Hiddensee – Geschichten von Land und Leuten* (2000) erstmals veröffentlichte – fragt Otto bei der Freundin nach vielen Jahren der Funkstille mit einem „Hilfeschrei“ an, ob sie nicht in Kopenhagen für seinen gerade 4½-jährigen Sohn Kinderschuhe, Größe 28, besorgen könnte. Zu Hiddensee, Vitte und ihrem Haus schrieb er: „Den ganzen Zusammenbruch haben wir Drei in Hiddensee erlebt, wohin wir rechtzeitig flüchteten und beinahe 3 Jahre lebten, Sommers und Winters. Es war trotz allem herrlich dort, und Dein Häuschen begrüßte mich immer, wenn ich nach Vitte ging. Es war tadellos in Ordnung, wenn auch Flüchtlinge drin wohnten. Sehen wir Dich denn nicht mal wieder dort??! Das wäre doch eine große Freude.“ Asta Nielsen kam nie wieder auf die Insel, obwohl sie noch 25 Jahre (in Kopenhagen) lebte.

Otto Gebühr malt auf Hiddensee, 30er Jahre
ullstein bild
Erstveröffentlichung

Auf Hiddensee wurden von Otto Gebühr auch die Reste der letzten Filmuniform der „Fridericus-Filme“ aufbewahrt: Schärpe, Stiefel und der Dreispitz.

Otto Gebühr mit Tochter Hilde am Strand von Kloster, 1931
ullstein bild
Erstveröffentlichung

Ein Hiddensee-Sommerhausbesitzer hat mir einmal schmunzelnd berichtet, dass Otto Gebühr einst im Zug von Berlin nach Stralsund bei einem Kellner einen Kaffee bestellte, worauf dieser prompt erwiderte: „Jawohl, Ihro Majestät!“…

An dieser Stelle sei es mit Blick auf das Gebühr'sche Sommerhaus gestattet (einige Teile der Inneneinrichtung wie die Sitzbank in der Küche, mehrere Ohrensessel, das Bett oben im Schlafzimmer sind erhalten), eines der bekanntesten Gedichte aus Ringelnatzens Frühzeit zu zitieren, als er noch unter seinem bürgerlichen Namen Hans Bötticher Bücher veröffentlichte.

Im Band *Die Schnupftabaksdose. Stumpfsinn in Versen und Bildern* (1912) heißt es:

Die Schnupftabaksdose

Es war eine Schnupftabaksdose,
Die hatte Friedrich der Große
Sich selbst geschnitzelt aus Nußbaumholz.
Und darauf war sie natürlich stolz.

Da kam ein Holzwurm gekrochen.
Der hatte Nußbaum gerochen.
Die Dose erzählte ihm lang und breit
Von Friedrich dem Großen und seiner Zeit.

Sie nannte den alten Fritz generös.
Da aber wurde der Holzwurm nervös
Und sagte, indem er zu bohren begann:
„Was geht mich Friedrich der Große an!“

Otto Gebühr als Friedrich II. im Film

Schon als 17-Jähriger hatte Hans Bötticher *Zwei Geschichten vom Alten Fritz* in *Auerbachs Deutschem Kinder-Kalender 1901* veröffentlicht.

Michael Gebühr erinnert sich an seinen Vater Otto als einen Menschen, der anders als in seiner Paraderolle des ‚Alten Fritz‘ „im Herzen Komödiant war“, der ständig schräge Einfälle hatte und abends in Berlin oder auf Hiddensee seine Freunde mit kleinen Sketchen unterhielt, gern und oft auch sächselte. Zuweilen war sein Humor etwas derb.

Frau Wolff aus Vitte wusste Michael Gebühr von folgender Anekdote aus der unmittelbaren Nachkriegszeit zu berichten:

> Die Fähre hielt in Schaprode auf Rügen, und mehre Gäste aus Hiddensee zogen mit allerlei Gepäck an Land, um bei den Bauern und Fischern Lebensmittel einzutauschen. Darunter waren auch zwei alte Weiblein, Frau Muthesius und Frau von Blücher, die unter riesigen Rucksäcken gebückt an Land wankten. Otto wollte offenbar weiter nach Stralsund und stand auf dem Oberdeck auf die Reling gestützt, abgemagert wie alle anderen. Er sah das Elend der Greisinnen und rief ihnen „mitfühlend“ zu: „Aber Mädels, was quält ihr euch denn so? Geht doch lieber auf'n Strich!“

Michael Gebühr zufolge bestand zum Nachbarn schräg gegenüber, Gerhart Hauptmann, „ein freundlicher, aber nicht allzu enger Kontakt“. Otto Gebühr hielt, wie Arnold Gustavs in seinem schönen Hiddensee-Heimatbuch ausführlich darstellte, eine der Grabreden bei der Beerdigung des Dichters am 28. Juli 1946 auf dem Inselfriedhof in Kloster und dankte im Namen der Schauspieler für die vielen schönen Rollen, die Hauptmann der Schauspielerzunft hinterlassen hatte.

HAUS PEGGY

Das links neben dem OTTO-GEBÜHR-HAUS gelegene Gebäude mit rot-weißer Holzverschalung ist das ehemalige HAUS PEGGY (Besitzer: Dr. Walter Reiss, Verlagsbuchhändler aus Berlin), in dem der junge Schriftsteller Carl Zuckmayer (1896–1977) 1926 mit seiner Familie einen spannungsreichen Hiddensee-Urlaub erlebte. Die anfängliche Schüchternheit gegenüber dem „großen“ Nachbarn Gerhart Hauptmann, der zu dieser Zeit noch zur Miete im HAUS SEEDORN wohnte, verflüchtigte sich an einem weinseligen Abend, der den Beginn einer herzlichen Freundschaft markierte. Es kam wahrlich nicht oft vor, dass Hauptmann sich auch der jüngeren Dichter-Generation auf der Insel öffnete.

Zuckmayer erinnert sich:

> Von der kleinen Veranda, auf der ich arbeitete, sah ich ihn dann öfters in der Frühe auf der großen Wiese seines Grundstücks auf- und abgehen. Natürlich dachte ich nicht daran, mich ihm auf irgendeine Weise bemerkbar zu machen. Ich verlegte sogar meinen morgendlichen Badeplatz um einige hundert Meter bis hinter den nächsten Dünenhang – es gab um dieses Jahreszeit fast keine anderen Leute am Strand –, um ihn nicht zu stören, wenn er, fast immer allein, in das noch herrlich kalte Meerwasser tauchte.
> Dann aber lud uns die Besitzerin der bekannten Pension Seedorn, in der Hauptmann früher gewohnt hatte, gemeinsam zum Abendessen ein, wie sie sagte: auf seinen Wunsch.

Ehemalige PENSION SEEDORN, späteres Haus von Gerhart Hauptmann
Historisches Foto

Gerhart-Hauptmann-Haus mit blühender Wiese
Juni 2007

Gerhart Hauptmann war damals dreiundsechzig – heute würde ich das recht jung finden, in dieser Zeit war er für uns ein sehr alter Herr.
Es ging auch etwas von ihm aus, was ihn für unsere Generation zunächst älter machte, als er war: Bei aller Herzlichkeit, bei aller Natürlichkeit im Umgang und in der Haltung, eine enorme Distanz, als hause er einsam auf einem unzugänglichen Gipfel oder sei bereits den Unsterblichen zugesellt. (...) Man sprach oft fälschlich von seinem Goethekopf – ich glaube, Goethe sah ganz anders aus: Bei aller klassischen Schönheit seiner Züge hatte Hauptmann etwas von einem Rübezahl, einem Elementargeist. (...) Jetzt kam er mir, als wir zur festgesetzten Stunde eintraten, mit einem Glas Champagner in der Hand entgegen und begrüßte mich mit einer so ungezwungenen, großmütigen Kordialität, daß der Bann ehrfürchtiger Beklommenheit, mit der wir gekommen waren, sich sofort verflüchtigte. (...) Als wir in der Frühdämmerung zusammen heim gingen, empfand ich ihn nicht mehr als einen sehr alten, mich nicht mehr als einen allzu jungen Mann. Er hatte, durch sein vitales Dasein, eine Mitte geschaffen, in der sich die Generationen berühren konnten.

Aus: *Als wär's ein Stück von mir*, Autobiografie von Carl Zuckmayer (1966)

In Blickrichtung zum GERHART-HAUPTMANN-HAUS stellt sich die Frage: Gab es auch Verbindungen zwischen dem 46-jährigen Dichter Ringelnatz und dem damals 66-jährigen selbsternannten Goethe-Nachfolger auf Hiddensee?

Hauptmann und Ringelnatz?

Ein Hiddenseer Künstler, der Maler und Grafiker EGGERT GUSTAVS (1909–1996) – Sohn des langjährigen Inselpfarrers ARNOLD GUSTAVS (1875–1956), der mit Hauptmann seit 1917 befreundet war – hat die beiden ganz unterschiedlichen Dichter in Holzschnitten treffend dargestellt:

Ringelnatz und Gerhart Hauptmann
Holzschnitte von Eggert Gustavs

Über etwaige Begegnungen auf Hiddensee gibt es weder von Hauptmann noch von Ringelnatz erhaltene Erinnerungen oder Dokumente noch Zeugnisse von Zeitgenossen. Und man möchte kaum glauben, dass sie sich auf der kleinen Insel nicht begegnet sind. So berichtet etwa die Ringelnatz-Freundin Asta Nielsen, wie Hauptmann ihr, nachdem sie ihr Sommerhaus KARUSEL bezogen hatte, als einer der ersten die Aufwartung machte:

Margarete und Gerhart Hauptmann, 1930

Eines Tages kam eine hohe, kräftige Gestalt in kurzen Kniehosen und blauer bayrischer Leinenjacke gemächlich über das sonnenflimmernde Feld auf mein Haus zu. Es war der Dichter Gerhart Hauptmann, der mir als erster seinen Besuch machte. Sein Gang war jung und elastisch trotz seines hohen Alters, und das Haupt trug er hoch erhoben. Sein weißes Haar stand wie ein Wolkenhauch vor dem blauen Himmel. Er hatte schon seit vielen Sommern auf der Insel gelebt und an einigen seiner berühmten Schauspiele geschrieben. Jetzt kam er mit seiner Frau, die man wegen ihrer Frisur oft mit mir verwechselte, um mich für den nächsten Tag zum Essen zu bitten.
Jeden Abend versammelte er eine Schar literarischer Sommergäste und anderer Künstler um seinen Tisch. Große Schalen mit Obst standen auf der Tafel, und ausgesuchte Weine aus dem berühmten Keller perlten in den Gläsern. Seine Rede war ruhig und einfach und widersprach ein wenig dem Prunk, der ihn umgab. Er reiste beispielsweise nicht wie andere Sterbliche gemeinsam mit anderen Reisenden auf die Insel. Das Schiff, im Flaggenschmuck, brachte ihn allein mit seiner Familie hierher, was ein wenig übertrieben erscheinen mag, aber vielleicht von der Schiffahrtsgesellschaft ausgedacht war.
Er gefiel mir außerordentlich gut. Er sprach mit großer Einsicht über jedes Gebiet, ab und zu verlor er den Faden, aber seine Frau half ihm mit großem Geschick, ihn wiederzufinden. Er schlug mir vor, seine „Rose Bernd" zu spielen, worüber ich meine Verwunderung äußerte, da er sie im Stück selber als ein kräftiges Bauernmädchen mit blonden Zöpfen festgelegt habe.
„Auf so etwas soll man sich nicht versteifen", antwortete er. „Man kann sie ebenso gut etwa als polnisches Mädchen darstellen, das wäre eine interessante Neufassung." Ich stimmte nicht mit ihm überein (...)

Aus Asta Nielsens Lebenserinnerungen
Die schweigende Muse (1945/46)

Da Ringelnatz die ersten Sommerwochen 1929 mit Asta Nielsen verbrachte, wäre es durchaus denkbar, dass sie hier im Haus der Schauspielerin oder auf der Insel aufeinander trafen.

In früheren Tagen, als Hauptmann längst als Dramatiker etabliert war, und der junge Ringelnatz bei seinen ersten Auftritten im Münchener KABARETT SIMPL in der Türkenstraße zum Hausdichter bei Kathi Kobus avancierte, sind sie sich einmal begegnet:

1909

Als zu Ehren Gerhart Hauptmanns ein Bankett gegeben wurde, drängte ich mich kühn in die Gesellschaft und bat den Meister in gereimten Worten, die ich sehr aufgeregt hersagte, um ein Autogramm. Er schrieb in mein Album „Kunst ist Religion". Roda Roda schrieb dahinter „Kunst ist Prostitution". Auf die folgende Seite schrieb Wedekind: „Sünde ist ein mythologischer Begriff für schlechte Geschäfte". Dann folgte irgendein unanständiger oder zynischer Vers von Erich Mühsam und darunter schrieb mein Vater, sichtlich verstimmt: „Mit brutaler Ehrlichkeit bringt's der Maler schwerlich weit."

An Gerhart Hauptmann

(13. November 1909)

Verzeih, oh Meister, ruhm- und glanzumgeben,
Schilt mich nicht aus, nein, lächele heiter.
Es kann der Frömmste nicht in Frieden leben,
Wenn es dem bösen Nachbarn – – – und so weiter.
Wo Du ein Hauptmann bin ich nur ein Gemeiner,
Drum glaube mir, daß der Entschluß mir schwer ward.

Als ich gedacht: Der Abend oder keiner
Bringt dir ein Autogramm von unsrem Gerhart.
Es ist Unfug allerschlimmster Sorte,
Wenn Dichterling vor einem Dichter dichtet,
Doch sei nicht böse und schreib mir ein paar Worte
Und ich bin ewig Dir zu Dank verpflichtet.

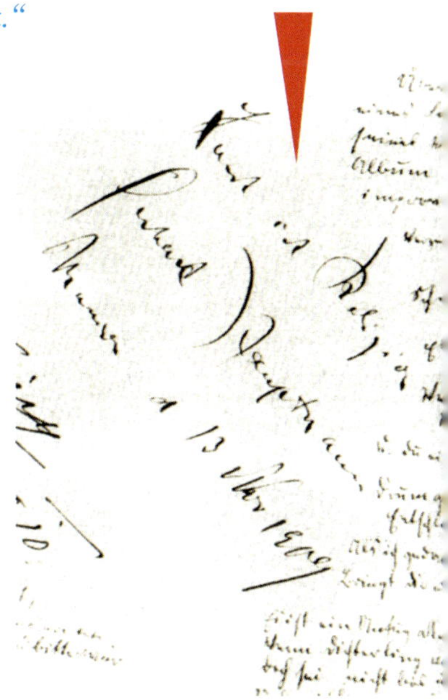

Autograph von Gerhart Hauptmann in Ringelnatz' Stammbuch 1909

Nachdem Ringelnatz Anfang der 20er Jahre seinen literarischen Durchbruch in Deutschland erlebt hatte, nahm das Aufblicken zum Meister schon weniger Zeit in Anspruch:

In einem Brief an seine ‚Muschelkalk' schrieb er am 9. Februar 1921:

(…) Früher war Gerh. Hauptmann sehr groß (Fuhrmann Henschel – Versunkene Glocke) – Carl Hauptmann kenne ich gar nicht.[1]

1922 – Hauptmann ist *die* repräsentative deutsche Dichtergestalt der Weimarer Republik, kurzzeitig wurde über ihn gar als möglichen Präsidenten nachgedacht – veranstaltete die Presse anlässlich seines 60. Geburtstags eine ***Rundfrage*** bei jüngeren Dichtern. ***Wie denken Sie über Gerhart Hauptmann?***[2]

1 Carl Hauptmann war am 4. 2. 1921 gestorben

2 zuerst abgedruckt in *Der Freihafen, Hamburger Kammerspiele* (5/1922), erneut abgedruckt in Berliner Tageblatt 9.11.1922 unter der Überschrift: *„Ei, wer kommt denn da? oder Gerhart Hauptmann und die Kleinen"*

Ringelnatz, der neben Yvan Goll, Erich Mühsam, Kurt Schwitters, Roda Roda, Hans Reimann und Carl Sternheim auch gefragt wurde, antwortete hintergründig.

Es könnte mich fast eitel machen, daß Sie meine Meinung über Gerhart Hauptmann erfragen. Ich bin doch ein Artist, und ich lese wenig. Aber ich habe „Mysterien" (Knut Hamsun) und „Oblomow" (Gontscharow) gelesen. Beides hat tief und nachhaltig auf mich gewirkt. Auch bin ich einmal scheu und verschämt ums Hotel Adlon geschlichen.[3]

Das *Berliner Tageblatt* bemerkte: „Ringelnatz, immer kutteldaddelduhn".

Viel hatten die beiden Dichter nicht gemeinsam. Sie trennten nicht nur zwanzig Jahre, sondern auch ihre Persönlichkeitsstruktur, ihr Sinn für Humor und ihr Dichterverständnis. Hauptmann fühlte sich wie ein zweiter Goethe, benahm sich dementsprechend und mochte es, gefeiert zu werden. Dagegen nahm sich Ringelnatz' Wunschvorstellung, dass einmal ein krummes Hurengässlein nach ihm hieße, in dem er posthum spuken könne, doch eher bescheiden aus.

Karikatur von Gerhart Hauptmann, Titelbild der Zeitschrift *Simplicissimus* 21. Juni 1926

Ehrgeiz

(...)

Und ich pfeife durchaus nicht auf Ehre.
Im Gegenteil. Mein Ideal wäre,
Daß man nach meinem Tod (grano salis)
Ein Gäßchen nach mir benennt, ein ganz schmales
Und krummes Gäßchen, mit niedrigen Türchen,
Mit steilen Treppchen und feilen Hürchen,
Mit Schatten und schiefen Fensterluken.

Dort würde ich spuken.

Der Schriftsteller und Drehbuchautor Erich Ebermayer (1900–1970), „Wahlsohn" Gerhart Hauptmanns, der ihn im Sommer 1934 auf Hiddensee begleitete, erinnerte sich, dass Hauptmann Ende der 20er Jahre keinerlei Kontakte zur jüngeren Dichtergeneration pflegte:

---

3 Hauptmann wohnte bei seinen späteren Berlin-Aufenthalten immer im ADLON, dem luxuriösen ersten Haus am Platze, und pflegte einen verschwenderischen repräsentativen Lebensstil.

Nie hätte ich es gewagt, an Gerhart Hauptmann zu schreiben, wie ich es bei Thomas Mann, wenn auch höchst schüchtern gewagt hätte. Er war mir zwar als Dichter nahe – als Mensch war er mir äonenfern. Überdies war sein Menschenbild getrübt durch die satirisch-kritische Presse, durch mancherlei Witze und Witzblätter. Hauptmann war in dieser Epoche seines Lebens fast ohne Kontakt zur Jugend, sowohl persönlich als auch literarisch. Er konnte mit denen, die sich Expressionisten nannten oder doch in dieser Richtung lagen, nichts anfangen. Einmal, als unsere Freundschaft schon festgefügt war, riet ich ihm, ja ich bat ihn geradezu, meinen Freund Ernst Toller zu lesen oder Walter Hasenclever, Bert Brecht oder Arnolt Bronnen. Er tat es, rührenderweise nur mir zuliebe, wie er sagte. Aber er konnte einfach nichts damit anfangen: „Nein, mein Lieber, s o geht es nicht!" meinte er und klopfte mir kräftig auf die Schulter. „Das alles wird sehr schnell wieder vergehn. Glauben Sie mir!" (...) Hauptmann war kein kritischer Geist, wie etwa Thomas Mann oder Stefan Zweig. Es lag ihm auch nicht, junge Leute zu fördern, was bei Zweig ja beinahe zur Manie geworden war. Er sagte sich, wenn er erstmal Sympathie gefaßt hatte: er wird es schon machen! Was soll's? Alles Echte wächst und entfaltet sich ganz von selbst. (...)

Literatur war also Hauptmann niemals sehr wichtig. Wichtig war ihm Philosophie, Geschichte, Religionswissenschaft und vieles andere. Wichtig war ihm vor allem das Leben und seine Arbeit, der fast andächtige Genuß jedes ihm von Gott geschenkten Tages im Licht. (...)

Licht mußte um ihn sein und Farbe. Immer trug er ein kleines Notizbuch bei sich, in dem er jeden Tag mit einem Prädikat versah. Drei Prädikate gab es da: Gold, Silber, Blei. Gold – das waren die leuchtenden, strahlenden, makellosen Tage. Silber waren die halbguten, wenn ein leichter Schleier von Dunst über der Landschaft lag. Und Blei waren die trüben, schwülen, regnerischen Tage.

Aus: Erich Ebermayer: *Eh' ich's vergesse ... Erinnerungen an Gerhart Hauptmann, Thomas Mann, Klaus Mann, Gustaf Gründgens, Emil Jannings und Stefan Zweig* (Hrsg. von Dirk Heißerer, 2005)

Und nicht zuletzt unterschied Ringelnatz und Hauptmann am Beginn der 30er Jahre eine völlig gegensätzliche politische Haltung zum aufkommenden Nationalsozialismus. Ringelnatz, der die gewaltige Gefahr für Deutschland erkennt, leidet unter dem enormen Rechtsruck am Ende der Weimarer Republik, vgl. seine Gedichte *Schiff* (1931) und *So ist es uns gegangen* (1933) und seine feinsinnigen Beobachtungen über die Naziaufmärsche im Sommer 1932, niedergeschrieben in seinem Tagebuch *Mit der ‚Flasche' auf Reisen*. Im Herbst 1932 hatte er Muschelkalk postalisch aufgefordert: „Wenn Du wählst, nur kommunistisch". Nach Hitlers Wahlsieg schreibt er: „Hitler ist natürlich ein Unstern für uns. Aber wir wollen nicht die Hoffnung verlieren" (Brief vom 2./3.2.1933). Noch in seinem letzten Lebensjahr warnt er Asta

Nielsen unmissverständlich vor diesem „abscheulichen Geschmeiß, was aus Sadismus und Borniertheit nun Dich belästigt, lass Dirs nicht zu nahe gehen“.

Aufgrund § 1 der „Verordnung zum Schutz von Volk und Staat zur Abwehr kommunistischer staatsgefährdender Gewaltakte“ wurden 1933 Bühnenauftritte von Joachim Ringelnatz verboten, auch sein Gesamtwerk landet am 10. Mai 1933 auf dem Scheiterhaufen. Mit dem Ende seiner beruflichen Existenz geraten Ringelnatz und Muschelkalk in bitterste Not. Der „reisende Artist“ büßt jeglichen Lebensmut ein und wird sicher nicht ohne Grund genau in dem Schreckensjahr schwer krank und stirbt schon 1934 – bevor das Schlimmste in Deutschland geschah.

Ringelnatz hat in seinem Todesjahr sein Statement zum Nationalsozialismus hinterlassen, ein überschriftsloses Gedicht:

Wir sind, sagen die Lauen,
Wir sind nicht objektiv.
Wir sollten doch tiefer schauen,
Doch schauen, ob nicht tief
Am Nazitum was dran sei,
Ob Hitler nicht doch ein Mann sei.

Wir haben alles erwogen.
Wir wußten alles zuvor,
Mal hat man uns nicht betrogen,
Man machte uns nicht vor,
Daß rechts links und gerade schief sei
Und daß alles relativ sei.

Unrelative Lumpen hausen bei uns zu Haus,
Und hauen das Land in Klumpen.
Da sollen wir objektiv sein,
Wir sollen so naiv sein!
(…)

Manuskript im Besitz von Norbert Gescher-Ringelnatz

Gerhart Hauptmann dagegen feiert Hitler lange als „Weltgenie“, *Mein Kampf* gilt ihm gar als „hochbedeutsame Hitlerbibel“. Der Massenmörder ist in seinen Augen der „Sternenschicksalsträger des Deutschtums“.

1933 lässt Hauptmann vor seinem Haus auf Hiddensee die Hakenkreuzfahne hissen. Obwohl er mehrere jüdische Freunde zu schützen versuchte, ließ Hauptmann sich doch lange von verschiedenen Nazigrößen huldigen und fand *nie* ein deutliches Wort in der Öffentlichkeit gegen dieses unheilvolle Regime. Ein solches Wort von dem damals angesehensten deutschen Dichter hätte viel bedeutet!

Porträtfoto des Malers Albert Klatt

Tischrunde (in der Mitte Gerhart Hauptmann mit Frau Margarete, daneben rechts Otto Gebühr und Joachim Ringelnatz; Frau im rotem Kleid: Tänzerin Pauline Ines Lucas, Bollwerk, August 1933) Aquarellskizze von Albert Klatt, Privatbesitz

Eine Sache hatten Ringelnatz und Hauptmann aber doch gemein – sie tranken leidenschaftlich gern, auch gern über den Durst hinaus! Und so ist es kein Wunder, dass es zumindest ein *neuentdecktes* Bild-Dokument gibt, das die beiden so unterschiedlichen Dichter auf Hiddensee tatsächlich zusammenbringt, an einen Tisch – zum gemeinschaftlichen Weintrinken in der „Giftbude" am Hafen von Kloster.

Fischer bei der Arbeit (mit ehem. Schankwirtschaft am Bollwerk, Hafen Kloster) Aquarell von Albert Klatt, Privatbesitz

Diese schön aquarellierte Skizze mit dem Titel *Tischrunde* fertigte der Berliner Maler Albert Klatt (1892–1970), der von 1928 bis 1933 Stammgast im HOTEL DORNBUSCH in Kloster war. Klatt, der nach 1933 politisch verfolgt wurde, war nach dem Zweiten Weltkrieg Professor an der Hochschule für Bildende Künste in Berlin/West und wählte Sylt zu seinem zweiten Insel-Ziel.

Erstaunlich, wie einträchtig der „große“ und der „kleine“ Dichter hier an einem Tische sitzen. Neben Ringelnatz im blauen Hemd: der Asta-Nielsen-Freund und Schauspieler Otto Gebühr, der zu Hauptmann auf Hiddensee guten nachbarschaftlichen Kontakt pflegte. Hauptmann selbst mit weißem Haar und „Goethe-Frisur“ (deutlich jünger dargestellt als er damals war) hat den Arm um seinen „Besitz“ Margarete gelegt; ihnen gegenüber die Balletttänzerin Pauline Ines Lucas im roten Sommerkleid. Alle sind in aufgeräumter Stimmung und haben die typisch hiddenseeischen sommerlich gebräunten Arme. Nur vor Hauptmann und Ringelnatz gut zu erkennen: das gefüllte Rotwein-Glas.

Die Bildunterschrift Klatts „Bollwerk, August 1933“ verrät, dass Ringelnatz auch in diesem Jahr wieder auf der Insel war.

Es sind durchaus einige weitere Kurz- bzw. Wochenend-Besuche des Dichters im Sommerhaus Asta Nielsens 1930, 1931 und 1933 denkbar. Die Freundschaft zwischen dem schauspielernden Dichter und der dichtenden Schauspielerin intensivierte sich nach den ersten gemeinsam verbrachten Hiddenseer Urlaubswochen und nachdem Ringelnatz und Muschelkalk Anfang 1930 von München, der „dümmsten Stadt der Welt“, nach Berlin umgezogen waren.

Die Seenotrettungsstation

Auf unserer Führung folgen wir dem „Weißen Weg“, biegen linkerhand zur Hauptstraße ab und nach ein paar Schritten gehen wir den ersten Strandweg hinauf. Am Strand, mit Blick zum HEIMATMUSEUM HIDDENSEE, lassen wir uns nieder.

Kloster mit Weststrand (rechts Seenotrettungsstation)
Historische Postkarte

Das heutige Heimatmuseum war lange Zeit, von 1888 bis 1954, die erste SEENOTRETTUNGSSTATION von Hiddensee – hier lagen auch die Rettungsboote. Auf allen historischen Fotografien von Kloster ist der sogenannte Rettungsschuppen deutlich zu erkennen.

Das Gelände war auch der Hauptschauplatz von Hauptmanns Drama *Gabriel Schillings Flucht* – hier geht der Maler Gabriel Schilling

Joachim Ringelnatz
Das Rettungsboot Ölgemälde, 1927

Joachim Ringelnatz
Die Bark Ölgemälde, undatiert

„ins Wasser“ und wählt ausgerechnet unmittelbar vor der Rettungsstation den Freitod.

An dieser Stelle wurden die Rettungsboote für alle in Not geratenen Seemänner vor der Küste Hiddensees zu Wasser gelassen.
Passend zum Ort ein etwas makabres Gedicht von Ringelnatz.

Seemannsgedanken übers Ersaufen

Ich sterbe. Du stirbst. Er stirbt.
Viel schlimmer ist, wenn ein volles Fass verdirbt.
Aber auch wir wollen erst ausgetrunken sein.
Besauft euch beizeiten.
Alle Flüssigkeiten
Finden sich wieder ins Meer hinein,
Wo wir den Schwämmen gleich sind,
Wo uns nichts gebricht,
Weil wir weich sind.
Und wenn man in eine Leiche sticht:
Sie fühlt es nicht.
Wird mich nie mehr acht Glasen wecken,
Will ich gerne den Fischen wie Hackfleisch mit Rührei
Schmecken.
Weil das mit Sinn so geschieht,
Denn die haben gewiß nicht vergessen,

Wieviel Schollen wir in uns hineingefressen.
Nur bei den Würmern im Sarge ist ein Unterschied.
Wenn uns der Haifisch beim Wickel kriegt –
Das müßte mal einer malen!
Was da wohl alles so unten beisammen liegt –
Zerbrochene Schiffe, Krebse und Apfelsinenschalen.
Frisch ersoffen also und nicht gejammert,
Aber natürlich auch nicht zu übereilt;
Wer sich nicht tapfer noch an die letzte Handuhle klammert,
Der ist im Leben nie um die Horn gesailt.
Ein Schuft, wer mehr stirbt, als er sterben muß!
Aber muß es sein, dann nicht schüchtern.
Ersaufen ist auch ein Genuß,
Und vielleicht wird man dann nie mehr nüchtern.
Denn nur über das Fleisch und die Knochen
Weiß man was, offenbar.
Aber sonst hab' ich noch keinen gesprochen,
Der richtig ersoffen war.

Aus: *Die gebatikte Schusterpastete,* 1921

Joachim Ringelnatz *Seemannsgedanken übers Ersaufen* Aquarell undatiert

Man sieht, am Meer sitzend, mehr oder minder gute Schwimmer und dazu passt ein Gedicht von Ringelnatz über die sportliche Betätigung mancher Dichter und Denker.

Zum Schwimmen
(Die Brüder)

Plums! Nun liegst du endlich drin,
Nun hat es wirklich nicht mehr Sinn,
Noch länger den Denker und Dichter zu mimen.
Sonst gibt's mal was mit dem ledernen Riemen!

Lacht mal den Onkel aus, ihr Kinder!
Wißt ihr's?
Das ist der Erfinder
Des drahtlosen Schwebeklistiers,

Der Panslapopel, der große Mann!
Wie Seidenpapier liegt die Hose an.
Der Doktor phil. und der Doktor jur. –
Ja, pruste du nur!
Wie eifrig du spuckst
Und das Gespuckte noch einmal verschluckst.
Du „Autor“ von „Das Leben von Stosch!“–
Eine Qualle bist Du, du schleimiger Frosch,
Ein wulstiger, schwulstiger, schwappliger, nasser.
Und willst der Verfasser
Der Biographie sein!
Zieh das Knie ein!
Nach auswärts die Beine!
Du Stubenhocker!
Hier sind ein paar Steine!
Am Ufer recht locker. – –
Sieht aus wie Blaukraut mit Sommersprossen.
Na? Eins, zwei, drei-vier, fünf, die Hände geschlossen!
Und: eins, zwei, drei-vier, fünf; noch besser, viel besser!
Ich werde Dir was von wegen Professor!
Los: eins, zwei, drei-vier, fünf. Du Schlumpsack,
nur weiter!
Wird's? Eins, zwei, drei-vier, fünf. Nun 'ran an die Leiter!
Du ausgeschwängertes Schwielenschwein!
Ein Wort – und ich stoße dich nochmals hinein.

Harald Hoffmann de Vere, *Badespaß mit Ringelnatz,* 2013
Mischtechnik auf Leinwand

Aus: *Turngedichte*, 1920/1923

Mit den *Turngedichten* und den *Kuttel Daddeldu*-Gedichten gelang Ringelnatz Anfang der 20er Jahre der literarische Durchbruch in Deutschland. Insbesondere in den Berliner Künstlerkreisen feierte man ihn.

Genau diese *Turngedichte* waren nach der überlieferten Äußerung eines Hiddensee-Stammgastes, des angehenden Kulturphilosophen und Literaten LUDWIG MARCUSE (1894–1971), auf Hiddensee um 1923/24 angesagte Strandlektüre.

Ringelnatz selbst *turnte* bei seinen kabarettistischen Darbietungen mit Vorliebe das folgende Gedicht (nicht zuletzt solche Einlagen begeisterten HANS VON WOLZOGEN 1920 bei seinem Besuch im KABARETT SIMPL in München, kurze Zeit später engagierte der Kabarettdirektor Ringelnatz für die Berliner Bühne SCHALL UND RAUCH).

Freiübungen
(Grund-Stellung)

Wenn eine Frau in uns Begierden weckt
Und diese Frau hat schon Ihr Herz vergeben,
Dann (Arme vorwärts streckt!)
Dann ist es ratsam, daß man sich versteckt.
Denn später (langsam auf den Fersen heben!)
Denn später wird uns ein Gefühl umschweben,
Das von Familiensinn und guten Eltern zeugt.
(Arme – beugt!)
Denn was die Frau an einem Manne reizt,
(Hüften fest – Beine spreizt! – Grundstellung)
Ist Ehrbarkeit. Nur die hat wahren Wert,
Auch auf die Dauer (Ganze Abteilung, kehrt!).
Das ist von beiden Teilen der begehrtste,
Von dem man sagt: (Rumpfbeuge) Das ist der allerwertste.

In einem anderen Turngedicht „winken“ wieder die Schnäpse.

Klimmzug

Das ist ein Symbol für das Leben.
Immer aufwärts, himmelan streben!
Feste zieh! Nicht nachgeben!
Stelle dir vor: Dort oben winken
Schnäpse und Schinken.
Trachte sie zu erreichen, die Schnäpse.
Spanne die Muskeln, die Bizepse.
Achte ver die Beschwerden.
Nicht einschlafen. Nicht müde werden!
Du mußt in Gedanken wähnen:
Du hörtest unter dir einen Schlund gähnen.
In dem Schlund sind Igel und Wölfe versammelt.
Die freuen sich auf den Menschen, der oben bammelt.
Zu! Zu! Tu nicht überlegen.
Immer weiter, herrlichen Zielen entgegen.
Sollte dich ein Floh am Po kneifen,
Nicht mit beiden Händen zugleich danach greifen.
Nicht so ruckweis hin und her schlenkern;
Das paßt nicht für ein Volk von Turnern und Denkern.
Klimme wacker,
Alter Knacker!
Klimme, klimb
Zum Olymp!
Höher hinauf!
Glückauf!
Kragen total durchweicht.
Äh – äh – äh – endlich erreicht.
Das Unbeschreibliche zieht uns hinan,
Der ewigweibliche Turnvater Jahn.

Selbstbildnis
Bleistiftskizze von
Joachim Ringelnatz

Rainer Ehrt:
Ringelnatz und Asta Nielsen auf Hiddensee
40 × 55 cm Graphit, Farbstifte auf Ingres-Papier, 2000

Rainer Ehrt:
Thomas Mann und Gerhart Hauptmann speisen auf Hiddensee
40 × 55 cm Graphit, Farbstifte auf Ingres-Papier, 2000

Ein ringelnatziger Strandspaziergang auf Hiddensee

Wir wandern nun am Strand entlang von Kloster zum Norderende Vitte. Das Ziel ist der Lieblingsstrandplatz von Asta, Ringel & Co.

Unterwegs kann man kleinere Segelboote auf dem Wasser sehen, das alte Segelschiff *Gorch Fock* im Stralsunder Hafen ist sicher noch von der Abfahrt des Hiddensee-Dampfers in guter Erinnerung.

Gorch Fock in Stralsund

Vitter Strand

Kuttel Daddeldu
Bleistiftskizze von Joachim Ringelnatz

Der Seemann Hans Bötticher war sein Leben lang von der Seefahrt, dem Meer, dem Matrosendasein und den großen Segelschiffen begeistert. Beim Lesen von Ringelnatz-Werken wie *Was ein Schiffsjungen-Tagebuch erzählt* (1911), den vielen *Kuttel Daddeldu*-Seemannsgedichten (1920/23) und insbesondere dem Erinnerungs- und Skizzenbuch *Matrosen* (1928) bis hin zu der auf Hiddensee entstandenen Seemannsballade *Die Flasche* (1932) kann man diese Leidenschaft sehr gut nachvollziehen.

In dem Band *Gedichte dreier Jahre*, der eine Vielzahl von Hiddensee-Poemen enthält, findet sich ein Gedicht von Joachim Ringelnatz, das seine tiefe, ernste Bewunderung für die Segelschifffahrt poetisch dokumentiert.

Dreimaster in hohem Wellengang (auch: Sturm auf hoher See)
Aquarell von Ringelnatz, 1924

Segelschiffe

Sie haben das mächtige Meer unterm Bauch
Und über sich Wolken und Sterne.
Sie lassen sich fahren vom himmlischen Hauch
mit Herrenblick in die Ferne.

Sie schaukeln kokett in des Schicksals Hand
Wie trunkene Schmetterlinge.
Aber sie tragen von Land zu Land
Fürsorglich wertvolle Dinge.

Wie das im Winde liegt und sich wiegt,
Tauwebüberspannt durch die Wogen,
Da ist eine Kunst, die friedlich siegt,
Und ihr Fleiß ist nicht verlogen.

Es rauscht wie Freiheit. Es riecht wie Welt. –
Naturgewordene Planken
Sind Segelschiffe. – Ihr Anblick erhellt
Und weitet unsre Gedanken.

Aus: *Gedichte dreier Jahre*, 1932

Hans Bötticher war bereits seit 10 Jahren als Joachim Ringelnatz bekannt, als er auf Hiddensee weilte. 1919 hatte er sich aus Anlass der Veröffentlichung einer Gedichtsammlung so genannt, dann aber auch im persönlichen Leben. Was bedeutet dieser Name?

Joachim: von Gott aufgerichtet, Gott möge retten

Ringelnatz: Sein Pseudonym hat er selbst nie erklären wollen. Dem Biograph Herbert Günther sagte er zu Lebzeiten: „Der Name hat keine Bedeutung, er sei ihm eingefallen, und er gefiel ihm, weil er ihn schütze wie eine Tarnkappe."

So lässt er auch 1931 eine direkte Namens-Nachfrage des Herausgebers der renommierten *Vossischen Zeitung*, Monty Jacobs, bewusst unbeantwortet.

Joachim Ringelnatz *Der Mann am Kreuz* Ölgemälde 1929

Zwei Herleitungen sind wahrscheinlich:

Ringelnass: So heißt das Seepferdchen in der Sprache der Seeleute, das für sie Glücksversprechen und Talisman ist.
Ringelnatter: Hans Bötticher mochte besonders diese Schlange. Sie fühlt sich zu Wasser und auf dem Lande wohl.
Als **(Ringel)Natter** bzw. **(Ringel)Nadder** werden in mundartlicher niedersächsicher Sprache auch die zu den Eidechsen gehörenden Blindschleichen bezeichnet. Ähnlich dem Seepferchen wird auch die vom stark kurzsichtigen Hans Bötticher geliebte Blindschleiche literarisch gewürdigt, vgl. Gedicht *Blindschl.*
Im Namen **Ringelnatz** sind die Eigenschaften mehrerer Tiere, Seepferchen, Ringelnatter, Blindschleiche, verdichtet und „dienen dadurch dem Dichter nicht so sehr als Tarnkappe als vielmehr als ein fokussierender Spiegel dieser Eigenschaften". – (Maik Lehmberg in *Ringelnatz! Ein Dichter malt seine Welt,* Göttingen, 2000).

1927 widmete Ringelnatz seinem geliebten *Ringelnaß* ein schönes Gedicht.

Plakat von Hans-Hilmar Koch, Handpresse der Offizin Schwarze Kunst

Seepferdchen

Als ich noch ein Seepferdchen war,
Im vorigen Leben
Wie war das wonnig, wunderbar
Unter Wasser zu schweben.
In den träumenden Fluten
Wogte, wie Güte, das Haar
Der zierlichsten aller Seestuten,
Die meine Geliebte war.
Wir senkten uns still oder stiegen,
Tanzten harmonisch umeinand,
Ohne Arm, ohne Bein, ohne Hand,
Wie Wolken sich in Wolken wiegen,
Sie spielte manchmal graziöses Entfliehn,
Auf dass ich ihr folge, sie hasche
Und legte mir einmal im Ansichziehn
Eierchen in die Tasche.
Sie blickte traurig und stellte sich froh,
Schnappte nach einem Wasserfloh
Und ringelte sich
An einem Stengelchen fest und sprach so:
Ich liebe dich!
Du wieherst nicht, du äpfelst nicht,
Du trägst ein farbloses Panzerkleid
Und hast ein bekümmertes altes Gesicht,
Als wüßtest du um kommendes Leid.
Seestütchen! Schnörkelchen! Ringelnaß!
Wann war wohl das?
Und wer bedauert wohl später meine restlichen Knochen?
Es ist beinahe so, daß ich weine –
Lollo hat das vertrocknete, kleine
Schmerzverkrümmte Seepferd zerbrochen.

Aus: *Reisebriefe eines Artisten,* 1927

Ringelnatz' Lieblingsbeschäftigung auf Hiddensee war ohne Zweifel das tägliche Steine-Sammeln am Meeresstrand. Die Malerin Helene Herveling-Bockenheuser (1878–1963), eine Hiddenseer Freundin von ihm, berichtete von den skurrilen Skulpturen, die der phantasievolle Ringelnatz jeden Tag am Strand vom Norderende baute. Der Strand selbst war – wie man historischen Fotos dieser Zeit entnehmen kann – sehr viel steiniger als heute an dieser Stelle.

Die Malerin Helene Herveling am steinigen Norderender Strand
Privatbesitz Johannes Schütt

Natürlich wollte auch Ringelnatz vor allem den Bernstein finden. Jeden Tag machte er sich voller Hoffnung und mit entsprechend großer Tasche auf den Weg.

Wie sehr er seine Leidenschaft für Steine auf Hiddensee auslebte – zum Leidwesen von Asta Nielsen – offenbart ihr amüsanter Tagebuch-Eintrag.

Am zweiten und sechsten Tag seines Aufenthaltes schrieb sie:

Hiddensee, 12. Juni 1929

Heute morgen verließ Ringelnatz das Haus in Badehosen, knallrote Badeschuhe, ein gelbes Tuch um den Kopf und eine bunte Tasche auf dem Bauch für Bernsteine, die er zu suchen beabsichtigte. Muschelkalk war auch in voller Badeausrüstung. (…)
Gegen Abend erschien Ringelnatz wieder, aber todmüde vom Bernsteinsuchen. Es ist wohl überflüssig zu bemerken, daß er nicht einen einzigen gefunden hatte. Dagegen erzählte er, er habe phantastische Steine im Sande gefunden, da sie aber zu groß waren und zu weit weg lagen, um sie zu schleppen, hatte er nur Stöcke dabei gepflanzt, damit Muschelkalk sie am nächsten Morgen finden und nach Hause schleppen konnte.

Diesen Bernstein hätte Ringelnatz sicher gern gefunden. Hat er aber leider nicht.
Foto: dagmar.jaschen.net

Hiddensee, 16. Juni 1929
Ringelnatz sucht noch immer Bernsteine, das einzige, was er aber gefunden hat, ist eine Kneipe, wo man guten Korn bekommen kann, und ein Hotel, das besseren Kaffee macht als wir.

Aus dem Tagebuch von Asta Nielsen

Ringelnatz – Künstlerpostkarte Nr. 2
Aus der Künstler-insel-Hiddensee-Postkartenserie des Verlages Jena 1800

Ringelnatz entdeckte jedoch auch andere „phantastische" Steine und hielt seinen Fund mit großer spielerischer Lust in einem Text fest. Nach dem Hiddensee-Sommer erschien in einer Frankfurter Zeitschrift ein kurzweiliger geologischer Aufsatz von ihm, den er im Juni 1929 auf der Insel Hiddensee geschrieben hatte, mit vier Fotografien seines Freundes Hanns Bender.

Steine am Meer

Von Joachim Ringelnatz / Mit Photos von Hanns Bender

Eine schöne Freude am Strande ist mir das: mit dem Blick nach unten über die Millionen von Steinen und Steinchen zu wandern, zu steigen, zu kriechen. Um in ihrer mannigfaltigen Masse Formenwunder und Farbenwunder zu entdecken. Um Anregendes, Aufregendes, Seltsames zu finden, oder auch etwas, womit mein Ehrgeiz meinen Strandbekannten aufwarten kann.

Ich finde immer etwas. Erfreulicherweise am wenigsten das, was leider auch ich suche, wie außer mir viele Menschen, Dinge von Geldwert oder Sammelwert. Zum Beispiel den Bernstein.

Aber ich finde sonsterlei. Selbstverständlich die bekannten, immer ähnlich sich wiederholenden Steinformen. Die Kugel, das Ei, der Pilz. Oder die dünne, runde Scheibe, die

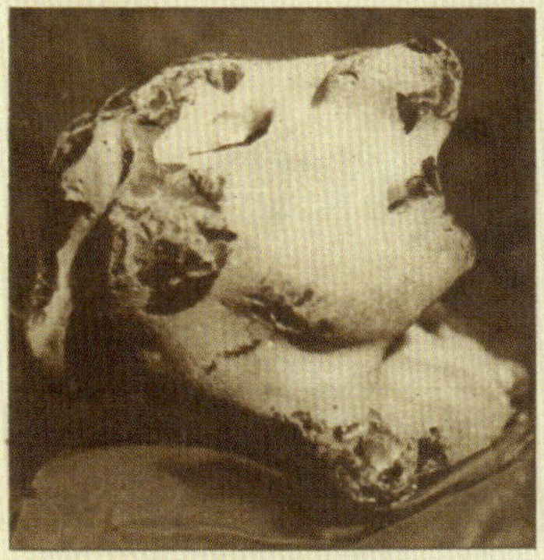

„Antiker Frauenkopf"

man flach über das Wasser wirft, um sich daran zu ergötzen, wie sie, am Wasser abprallend, noch mehrere anmutige Sprünge macht. Oder der Donnerkeil, um den so unklare Sagen ziehn. Neben der billigen Kartoffel hebe ich anderes Eßbare auf. Als läge das meinem Interesse am nächsten. Gurke, Käse oder Käsescheibe, Wurststücke, Früchte: Ebenso auffallend häufig zeigen sich Tierähnlichkeiten. Vögel, Hunde, Robbe, Fisch, Säugetiere, Nagetiere, alle Tiere.

Ein Würfel, ein Kobold, orthopädische Modelle, ein Medaillon, ein Napoleon, ein Hammer. Ein anderer Stein, der mir wieder entgleitet und an einem härteren zerschellt, ist nun eine Urne mit Deckel. Ich spähe weiter: ein Magengeschwür, wie ich es einmal in Spiritus sah, dann etwas, was ich nicht nennen darf, dann ein Knochen. Ein rührendes Stück Madonna, eine Nase, verschiedene Nasen. Meine eigene Nase fand ich noch nicht.

„Schaf"

Dafür ragen am Meeresufer abwechselnd im Trockenen oder im Wasser gigantische Felsblöcke, wertvolle Quader aus der Unzahl von kleinen und kleinsten Geschwistern empor und reden genau so wie diese von Ureltern, Kampf und Geschichte. Ich darf sie nicht aufheben. Es ist verboten. (Ich schreibe dies 1929 auf der Insel Hiddensee.) Sie werden als Küstenschutz heilig gehalten. Und sind auch zu schwer.

Ich beschäftige mich lieber mit den kleinen Gebilden, von denen die See täglich Tausende ausspült und gelegentlich viele wieder abholt. Das heißt, eigentlich von den Außenseitern darunter. Deren Gestaltung, deren Gesichter und Fratzen geben ebenso der Phantasie wie dem Humor endlos zu denken. Was sie zeigen, ist angedeutet oder deutlich. Man kann ihre Aehnlichkeit mit Dingen oder Wesen leicht verstärken. Ein Tintenstrich, ein aufgetuschtes Punktauge kann genügen, um eine mystische, antike Plastik oder eine arktische Landschaft nachweisbar entdeckt zu haben.

Aber ich suche keine Kunstwerke, auch keine geologischen oder petrographischen, überhaupt keine wissenschaftlichen Aufklärungen. Ich gebe mich spielerisch den Eindrücken hin, die aus dieser stummen Steinwelt zu mir kommen. Und ich will von ihnen nicht belehrt werden, sondern in ihnen träumen und ahnen.

Es macht mir nichts aus, daß ich manchmal ob dieser Liebhaberei belächelt werde. Ich komme mir selber wie ein Kind vor, wenn ich nicht müde werde, so im Steingeröll zu forschen. Ich bilde mir dann rührsam ein, schon als kleines Kind so gespielt zu haben. Aber daß das Täuschung ist, merke ich, wenn ich heute die kleinen Kinder beobachte, die dort um mich herum mit Steinen spielen.

„Affe"

Ich habe doch seit meiner Kindheit so viel gelernt, erlebt und erfahren. Ich weiß heute zu erklären. Ich kann logisch folgern und deuten. Und doch — meine ich — bewegt mich vor diesen Steinen auch heute noch ein Staunen, ein Bangen, ein Sehnen wie damals.

Steine schaumumtollt,
Zornig ausgerollt
Ueber Steine. —
Freiheit, die ich meine,
Gibt es keine.

Stille nun. Entbrandet
Ruht ihr, feucht umsandet,
Unzählbar gesellt,
Von der Zeit geschliffen
Oder kampfentstellt. —
Alle von der Welt
Lange rauh begriffen,
Schweigt ihr. — Ihr begreift die Welt.

Wie ich euch sortiere,
Spielerisch verführt:
Früchte, Götzen, Tiere,
Wie es Phantasie so legt,
Habt ihr in mir aufgerührt,
Was seit Kindheit mich bewegt.

Spitze, trübe, glatte, reine,
Platte, freche, winzig kleine,
Ausgehöhlte, fette Steine,
Plumpe, schiefe, trotzig große —

Ja ihr predigt ernst wie froh,
Meistens simpel, oft apart,
Weit umgrenzte, willenlose
Freiheit. — Predigt ebenso
Fromm wie hart.

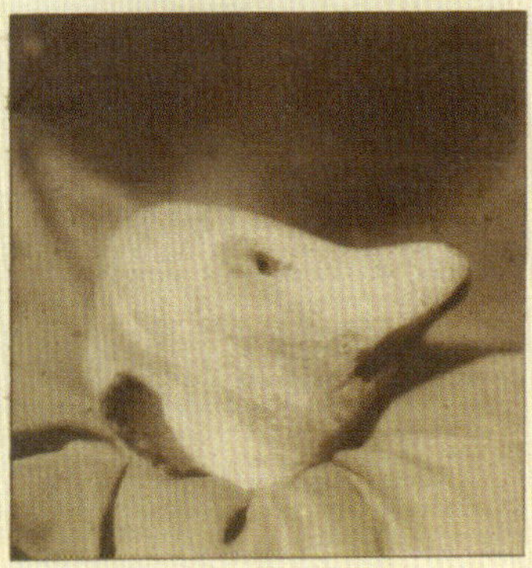

„Vogelkopf"

Dieser Aufsatz erschien am 29.9.1929 in der Frankfurter Zeitschrift *Das Illustrierte Blatt 17/ Nr. 3*

Klosteraner Weststrand mit Steinen
Foto: Katharina Hertel

Steine am Meer

Eine schöne Freude am Strande ist mir das: mit einem Blick nach unten über die Millionen von Steinen und Steinchen zu wandern, zu steigen, zu kriechen. Um in ihrer mannigfaltigen Masse Formenwunder und Farbenwunder zu entdecken. Um Anregendes, Aufregendes und Seltsames zu finden oder auch etwas, womit mein Ehrgeiz meinen Strandbekannten aufwarten kann.

Ich finde immer etwas. Erfreulicherweise am wenigstens das, was leider auch ich suche, wie außer mir viele Menschen, Dinge von Geldwert oder Sammelwert. Zum Beispiel den Bernstein.

Aber ich finde sonsterlei. Selbstverständlich die bekannten, immer ähnlich sich wiederholenden Steinformen. Die Kugel, das Ei, der Pilz. Oder die dünne, runde Scheibe, die man flach über das Wasser wirft, um sich daran zu ergötzen, wie sie, am Wasser abprallend, noch mehrere anmutige Sprünge macht. Oder der Donnerkeil, um den so unklare Sagen ziehn. Neben der billigen Kartoffel heb ich anderes Eßbares auf. Als läge das meinem Interesse am nächsten. Gurke, Käse oder Käsescheibe, Wurststücke, Früchte. Ebenso auffällig zeigen sich Tierähnlichkeiten, Vögel, Hunde, Robbe, Fisch, Säugetiere, Nagetiere, alle Tiere.

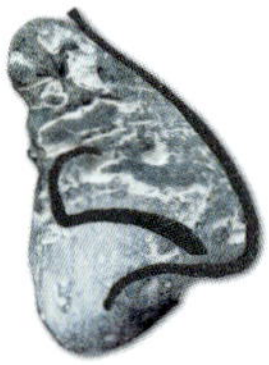

Ein Würfel, ein Kobold, orthopädische Modelle, ein Medaillon, ein Napoleon, ein Hammer. Ein anderer Stein, der mir wieder entgleitet und an einem härteren zerschellt, ist nun eine Urne mit Deckel. Ich spähe weiter: ein Magengeschwür, wie ich es einmal in Spiritus sah, dann etwas, was ich nicht nennen darf, dann ein Knochen. Ein rührendes Stück Madonna, eine Nase, verschiedene Nasen. Meine eigene Nase fand ich noch nicht.

Dafür ragen am Meeresufer abwechselnd im Trockenen oder im Wasser gigantische Felsblöcke, wertvolle Quader aus der Unzahl von kleinen und kleinsten Geschwistern empor und reden genau so wie diese von Ureltern, Kampf und Geschichte. Ich darf sie nicht aufheben. Es ist verboten. (Ich schreibe dies 1929 auf der Insel Hiddensee.) Sie werden als Küstenschutz heilig gehalten. Und sind auch zu schwer.

Ich beschäftige mich lieber mit den kleinen Gebilden, von denen die See täglich Tausende ausspült und gelegentlich viele wieder abholt.

Das heißt, eigentlich von den Außenseitern darunter. Deren Gestaltung, deren Gesichter und Fratzen geben ebenso zu denken. Man kann ihre Ähnlichkeit mit Dingen oder Wesen leicht verstärken. Ein Tintenstrich, ein aufgetuschtes Punktauge kann genügen, um eine mystische, antike Plastik oder eine arktische nachweisbar entdeckt zu haben.
Aber ich suche keine Kunstwerke, auch keine geologischen oder petrographischen, überhaupt keine wissenschaftlichen Aufklärungen. Ich geb mich spielerisch den Eindrücken hin, die aus dieser stummen Steinwelt zu mir kommen. Und ich will von ihnen nicht belehrt werden, sondern in ihnen träumen und ahnen.
Es macht mir nichts aus, daß ich manchmal ob dieser Liebhaberei belächelt werde. Ich komme mir selber wie ein Kind vor, wenn ich nicht müde werde, so im Steingeröll zu forschen. Ich bilde mir dann rührsam ein, schon als Kind so gespielt zu haben. Aber daß das Täuschung ist, merke ich, wenn ich heute herum die kleinen Kinder beobachte, die um mich herum mit den Steinen spielen.
Ich habe doch seit meiner Kindheit so viel gelernt, erlebt und erfahren. Ich weiß heute, zu erklären. Ich kann logisch folgern und deuten. Und doch – meine ich – bewegt mich vor diesen Steinen auch heute noch ein Staunen, ein Bangen, ein Sehnen wie damals.

Ringelnatz' Reflexion über Steine folgt in Gedichtform:

Steine am Meeresstrand

Steine schaumumtollt,
Zornig ausgerollt
Über Steine. –
Freiheit, die ich meine,
Gibt es keine.

Stille nun. Entbrandet
Ruht ihr, feucht umsandet,
Unzählbar gesellt,
Von der Zeit geschliffen
Oder kampfentstellt. –

Erstausgabe *Kinder-Verwirr-Buch*, Rowohlt 1931
Titelbild und viele Zeichnungen von Joachim Ringelnatz

Alle von der Welt
Lange rauh begriffen,
Schweigt ihr. – Ihr begreift die Welt.

Wie ich euch sortiere,
Spielerisch verführt:
Früchte, Götzen, Tiere,
Wie es Phantasie so legt,
Habt ihr in mir aufgerührt,
Was seit Kindheit mich bewegt.

Spitze, trübe, glatte, reine,
Platte, freche, winzig kleine,
Ausgehöhlte, fette Steine,
Plumpe, schiefe, trotzig große –

Ja ihr predigt ernst wie froh,
Meistens simpel, oft apart,
Weit umgrenzte, willenlose
Freiheit. – Predigt ebenso
Fromm wie hart.

Wie ein Kind begeisterte sich Ringelnatz für das Steine-Suchen. Dem kinderlosen Kinderfreund Ringelnatz verdanken wir eine der schönsten und einfachsten Hymnen auf das Kinderglück im Sand am Meeresstrand.

Kindersand

Das Schönste für Kinder ist Sand.
Ihn gibt's immer reichlich,
Er rinnt unvergleichlich
Zärtlich durch die Hand.

Weil man seine Nase behält,
Wenn man auf ihn fällt,
Ist er so weich.
Kinderfinger fühlen,

Wenn Sie in ihm wühlen,
Nichts und das Himmelreich.

Denn kein Kind lacht
Über gemahlene Macht.

Aus: *Kinder-Verwirr-Buch*, 1931

Die Autorin als Kleinkind (Mitte)
mit Papi Fritsch und Schwesterchen Rena

„Und an jedem Strand gab es
Sand und Muscheln,
mit denen man Burgen bauen
und verzieren konnte,
in deren Schutz man Ruhe fand.
Währenddessen saß mein Vater,
seemännisch gekleidet – weiße Hose, blaue Jacke
und Kapitänsmütze –,
im Strandkorb und schrieb [...]
Wir Kinder genossen das Leben am Meer.
Wir bauten Sandschlösser, Doppeltunnel
und Murmelbahnen;
tauchten unter die Wellen,
gingen in der Dämmerung spazieren [...]
Am Strand sind alle Kinder brav,
man kann gar nicht anders."

Elisabeth Mann Borgese über ihre Kindheitsurlaube am Meer
In: *Mit den Meeren leben*, 1999

Katja Mann mit Tochter Elisabeth und Sohn Michael
am Hiddenseer Strand, 1924

Ein anderes Gedicht, welches ganz sicher durch einen der herrlichen, heiteren „Tage in Blau“ auf Hiddensee inspiriert wurde und auch in jenem Gedichtband zu finden ist, der einen großen Teil der Hiddensee-Gedichte enthält, lautet:

Sommer auf Hiddensee
Foto: Marco Böllstorf

Eintrag in ein Gästebuch eines Freundes von Ringelnatz:

Wie heißt Ihre Lieblingsblume?

Antwort von Ringelnatz:

Seegras

Sommerfrische

Zupf dir ein Wölkchen aus dem Wolkenweiß,
Das durch den sonnigen Himmel schreitet.
Und schmücke den Hut, der dich begleitet,
Mit einem grünen Reis.

Verstecke dich faul in die Fülle der Gräser.
Weil's wohltut, weil's frommt.
Und bist du ein Mundharmonikabläser
Und hast eine bei dir, dann spiel, was dir kommt.

Und laß deine Melodien lenken
Von dem freigegebenen Wolkengezupf.
Vergiß dich. Es soll dein Denken
Nicht weiter reichen als ein Grashüpferhupf.

Joachim Ringelnatz
Möwen
Aquarell, 1932
Privatbesitz

Am Strand von Hiddensee und auf jedem Dampfer zu und von der Insel sind die Möwen zu Gast. Diesen „nimmermüden" Vögeln, die sich „jeden Bissen erjagen" müssen, hat Ringelnatz ein langes gleichnishaftes Gedicht gewidmet.

Die Möwe

So jeden Tag, vom frühsten Sonnenfließen
Bis in die letzte Wandlung langer Nacht,
Bei jedes Himmels neu gestimmter Pracht
Im hellsten Raum der Freiheit zu genießen,
Das eitle Land und seine Menschen fliehn,
Das Leben heimlich unter Sterne schließen. –
So hat auch meine Sehnsucht es gedacht.
Der fernen Abendröte nachzuziehn
Wie dieses Volk geflügelter Nomaden,
Auf hoher See in Sonnenblenden baden,
Sich über weißen Wogenkämmen wiegen,
Einsam in Gottes blauer Nähe fliegen …

Möwe von Hiddensee
Handcolorierte Radierung von Gisela Eichardt, 2013

Und du, mein wehes Herz, von Schuld beladen,
Sollst gnadenmild bestraft sein und befreit.
Wie sich die nimmermüden Vögel weit
Hinauf in drohend schwere Wolken wagen
Und fremd herniederblicken auf die Zeit
Und jeden Bissen Nahrung sich erjagen,
Durch kalte Nächte irren, ohne Ruh,
So scheu und erdverwiesen sollst auch du
Durch wilde Wetter treiben, sturmverschlagen,
Dem bunten, warmen Lande ganz entsagen,
Und wirst es auch so stolz und hoch ertragen. –

Horch! Möwenschrei aus sturmgepreßten Kehlen …
Kann's wahr sein, daß ihr ruhelose Seelen,
Ewig verdammte, arme Seelen seid,
Die schwere Sünden still und edel büßen?

Aus: *Verstreut Gedrucktes,* 1914–1928

Abend am Strand

Abendglühgold zittert auf träumender See.
Eine Möwe zieht ihre einsamen Kreise.
Auf dem Wasser treibend, ein Boot. Und leise, leise
Bringt mir der Wind eine müde Weise. – –

Närrisches Herz, was stimmt dich so weh?

Asta Nielsen wiederum schrieb in ihren Lebenserinnerungen *Die schweigende Muse* (1945/46) von der märchenhaften Anreise nach Hiddensee mit dem Dampfer, „wo die Möwen uns während der zweistündigen Überfahrt zu Hunderten begleiteten".

Anfang der 60er Jahre – Asta Nielsen hatte die Insel seit 1936 nicht wiedergesehen – reflektierte sie traurig in Dänemark:

„Möwen werden sehr alt, habe ich gelesen, oft älter als dreißig Jahre. Ob die Möwen in Vitte manchmal an mich denken?".

Asta

Das ist ihre einzige dokumentierte Erinnerung an Hiddensee aus den letzten 25 Lebensjahren in Kopenhagen.

Das Möwen-Gedicht von Ringelnatz hat einen sehr melancholischen Grundton, man würde kaum vermuten, dass es aus seiner Feder stammt. Aber wie bei vielen Humoristen lag auch in seinem Seelengrunde eine tiefe, existenzielle Verzweiflung. Mich hat es nicht gewundert, und andererseits auch sehr gefreut, als ich entdeckte, dass Ringelnatz zeitlebens und noch bis kurz vor seinem frühen Tod mit großer Begeisterung Friedrich Hölderlins elegische Verse las (die ich auch über alles liebe).

Die ersten Auftritte des 27-jährigen Hans Bötticher 1909 auf der Hinterbühne der Schwabinger KÜNSTLERKNEIPE SIMPLICISSIMUS, als er mit Trauermiene seine todernsten Verse aufsagte, waren ein „völliger Mißerfolg". Hans versuchte es danach mit lustigen Gedichten, die auf die lokalen Verhältnisse Bezug nahmen und erntete nun „stürmischen Applaus“. Fortan bevorzugte er als frischgebackener „Hausdichter“ des SIMPL den humoristischen Gedichtton, schmiedete vorrangig solche Verse, die das Publikum zum Lachen bringen sollten.

Ein Zeitzeuge der Münchner Auftritte, René Leclère, merkte feinsinnig an:

> Ein hagerer bleicher Mann, mit einer Adlernase und scharfen, durchdringenden Augen bestieg das Podium. „Das ist der Bötticher!“, raunte mir mein Freund zu. Der Mann mit dem unruhigen fahlen Gesicht begann Gedichte zu rezitieren. Gedichte von ihm selbst; aber von solch sprudelnder Lustigkeit, dass es mir unerklärlich war, wie ein Mensch, in dessen Zügen so viel Gram und innere Zerrissenheit lagen, überhaupt noch wissen konnte, was Heiterkeit und Lebensbejahung sei. Und alles lachte mit ihm; aber ich bemerkte trotzdem, daß in seinen Augen eine endlose Trauer war, eine Trauer, die er zu verbergen suchte und die doch immer hervorsprang, ungebändigt. Der Hausdichter hielt inne. Man klatschte ihm wütend Beifall. Er dankte kühl und fast wie spöttisch. (...) Ich fragte, ob die humoristische Poesie ihm so sehr liege; ob er sich ausschließlich damit beschäftige. „Nein“, sagte er darauf, und es schien als sei die Stimme ernster geworden – „Das tue ich, um Geld zu verdienen. Die Leute wollen lachen, und da muß ich mit ihnen lachen.“ „Ein Pierrot- oder Bajazzomotiv“, dachte ich. – Hierauf erzählte er mir lange, daß er andere Gedichte mache, lyrische; wie kein Verleger seine Sachen drucken wolle, weil sie nicht nach dem Geschmack des Publikums seien; wie er trotzdem nicht lassen könne zu dichten, weil es sein Lebenszweck sei. Hier sei er lustig, weil er bezahlt werde. Als er fortging, bat er mich, ich möchte ihn besuchen; er wolle mir von seinen anderen Sachen vorlesen. – – –
>
> Aus: *Luxemburger Zeitung* vom 24.3.1910

Liest man die *Reisebriefe an Muschelkalk* gründlich, erfährt man auch, dass er nicht selten verzweifelte, weil ein Teil des typischen Kabarettpublikums seinen Humor gar nicht begriff.

Das Publikum ergötzte sich an Ringelnatz in der meisterhaft verkörperten Rolle des kleinen Matrosen KUTTEL DADDELDU. Sobald er aber seine stillen, poetischen Texte vortrug, reagierte es eher verhalten. Der *Dichter* Ringelnatz wird bis heute oft verkannt.

Humor ist der Knopf,
der verhindert, daß uns der Kragen
platzt.

Passend zum Meeresstrand sei hier aber wieder ein lustiges Gedicht über das eigenartige Liebesleben einer Qualle wiedergegeben, ein typisch „Ringelnatz'sches", wie man es allgemein kennt.

Tante Qualle und der Elefant

Die Tante Qualle schwamm zum Strand.
Es liebt sie ein Elefant
Mit Namen Hildebrand genannt.
Der wartet am Meeresstrand
Mit einem Sträußchen in der Hand.
Das übergab er ihr galant
Und bat um Tante Quallens Hand.
Da knüpften sie ein Eheband.
Der Doktor Storch, der abseits stand,
Der dachte: „Armer Hildebrand!"
Worauf er weiterging und lachte.

Warum der Storch wohl so was dachte?

Aus: *Die Schnupftabaksdose. Stumpfsinn in Versen und Bildern*, 1912

Hochzeits-Strandkorb
Foto: Felicitas Müller

Ringel, Asta und Freunde genießen ein unbeschwertes Badeleben am Norderender Strand

Auf dem Spaziergang am Strand von Kloster nach Vitte beginnt hinter dem Stein-Küstenschutz und gleich nach der ewig-guten „Bernstein-Anspülstelle“ der Norderender Badestrand.
Von hier bis zum Strandabschnitt auf der Höhe des ehemaligen blauen Strandhauses der Malerin Helene Herveling (ca. 150 m) räkelten sich Asta, Ringel & Co. gern im Sand.

Asta Nielsen badend, 1930 Privatbesitz Renate Seydel

Vitter Weststrand
Historische Postkarte

Vitte
Im Sommer herrscht im Ort ein reges, munteres Leben und Treiben, besonders am weiten Badestrande, wo etwa 80 Badehütten oder gar schon mehr stehen, bei denen sich Jung und Alt tummelt, in den Sandburgen Sonnenbäder nimmt oder im Wasser badet, ohne den zeitlichen Zwang geschlossener hölzerner Badeanstalten.
Ganz Hiddensee ist ja von jeher ein einziges großes Familienbad und verdankt diesem Umstande, der auch seine gesundheitlichen und sportlichen Vorzüge hat, gerade einen großen Teil seiner Beliebtheit.
In Vitte kann man besonders gut Land und Leute studieren (…)

Aus dem historischen Reiseführer
HIDDENSEE – DAS CAPRI VON POMMERN (1924)
von Arved Jürgensohn

Und natürlich betrieb auch Ringelnatz seine eigenen Strandstudien, speziell des Wechselspiels mit dem anderen Geschlecht.

Künstler-Badekarte (Künstlerinsel Hiddensee Nr. 5, Postkartenserie aus dem Verlag Jena 1800)

Enttäuschter Badegast

Wenn ich im Badeanzug bin
Und im Familienbade
Geht die Erotik fort. Wohin
Weiß Gott. Wie schade!
Und Weiber jederlei Gestalt,
Sie lassen alle dann mich kalt,
Wie die verdammte Jauche
Der See, in die ich tauche,
Kalt macht, speziell am Bauche.

Von der Kabine bis ans Meer
Geniere ich mich immer sehr.
Trotz Spucke und trotz Laufgeschwind
Merkt jede Frau und jedes Kind
Daß meine Füße dreckig sind.
Und niemand fragt woher.

Daß jemanden, der nicht gut schwimmt,
Daß man den gar nicht mehr als Mann,
Sondern als Tauchemännchen nimmt – –

So handeln Weiber, die bestimmt
Wären, mich aufzuregen.

Mir schmeckt das Badewasser nie.
Ich denke immer an Pipi
Und kann das auch belegen.

Es liegt mir fern, hier indiskret
Krampfadern aufzuwühlen,
Doch jede Frau, die baden geht,
Weiß nichts von meinen Gefühlen.

Asta Nielsen und Joachim Ringelnatz in der Badekabine am Vitter Strand, Juni 1929
– verfremdet –

Es gibt eine ganze Reihe herrlicher Vitter Strandbilder von Asta Nielsen und ihrem damaligen Lebensgefährten Grischa Chmara, auch einige bisher unbekannte Fotos von Joachim Ringelnatz und seiner Frau Muschelkalk nebst Asta Nielsens Tochter Jesta und einem Unbekannten, vergnügt im Sand. Wieder andere zeigen Asta – immer lachend – mit Schwester Johanne, oder mit den Schauspielern Heinrich George und Paul Wegener nebst Frau.

Alle entstammen sie dem Fundus der Autorin, Lektorin und Buchhändlerin Renate Seydel (Buchhandlung Koralle, Vitte). Bei ihren umfangreichen Recherchen für die Bildbiografie des Stummfilmstars im Henschelverlag Ende der 70er Jahre hat sie Asta Nielsens „Original-Hiddensee-Album“ von deren letztem Lebensgefährten, dem Kunsthändler Christian Theede, auf der Insel Møn geschenkt bekommen!

Asta Nielsen auf den Schultern von Grischa Chmara am Hiddenseer Strand, 1929 Privatbesitz Renate Seydel

Asta Nielsen mit ihrer Tochter Jesta am Norderender Strand Privatbesitz Renate Seydel

Ringelnatz mit Schwan, Jesta, Muschelkalk und Unbekannter am Vitter Strand, Juni 1929
Privatbesitz Renate Seydel

Es fällt auf, dass Ringelnatz mit guter Anzugshose, Joppe, weißem Hemd und Schlips am Sonnenstrande liegt, während sich die anderen verstrubbelt, mit halbnassen Haaren, mehr oder minder modischen Badeanzügen, im Sommerkleid oder halbnackt ablichten lassen.

Das passt zu Ringelnatz, der im großstädtischen Leben von München und Berlin ungeheuren Wert auf modische Kleidung und feinen Zwirn legte. Dieses Modebewusstsein und den feinen, luxuriösen Kleidungsstil teilte er mit seiner Freundin Asta.

Der dunkle Matrosenanzug war nur obligatorische Auftrittskleidung in der Rolle des Kuttel Daddeldu, im Alltag sah man Ringelnatz damit nicht.

Asta Nielsen im Pelzmäntelchen mit einer Freundin auf dem Weg zum Vitter Hafen, 1931
Privatbesitz, Vitte

Alle Strandbilder aus Asta Nielsens Album verströmen heitere Unbeschwertheit und Ausgelassenheit.

Das Badeleben auf Hiddensee war bereits Anfang der 20er Jahre sehr ungezwungen. In bestimmten Strandabschnitten wurde nackt gebadet oder allenfalls in knapp bemessenen Badeanzügen. Nachdem sich einige entrüstete Sittenwächter mit ihren Beschwerden an die Badeverwaltung Vitte gewandt hatten und daraufhin amtliche Nacktbade-Verbote auf Hiddensee verhängt worden waren, konnte man sich aber der Sonne und dem Meer schon *vor* Astas und Ringelnatzens Ankunft auf der Insel wieder unangezogen hingeben.

Frauen und Männer wandern halbnackt, den Stock in der Hand, den Strand entlang. Wer will, geht ein paar Minuten weiter, entkleidet sich hinter einem Dornstrauch oder auch da, wo er gerade steht und schenkt der Sonne den nackten Leib ganz. Ungewohnt heilig wirkt es, wenn Menschen in die Wellen oder durch das Gras der Heide gehen. Man ist den Urzeiten näher, wie immer und überall auf der Insel.

Wilhelm Schmidtbonn in seinem Künstlerbuch:
Die unerschrockene Insel – Sommerbuch aus Hiddensee
1925

Clara Arnheim
Strandleben Vitte,
20er Jahre
Radierung

Was ist das Beglückende an diesem Ort? Es ist jenes Gefühl des Weltverlorenseins und das Gefühl wiederum des Geborgenseins in sich selbst. Die unermeßliche Naturnähe, die Verschwisterung mit Himmel und Erde, Welle und Wind schafft, daß der Mensch sich in völliger Ungebundenheit reckt und streckt, die Arme zum Himmel erhebt und einen jauchzenden Ruf in die Lüfte sendet. (…)
Dann lockt dich die blaue Flut. Schritte nur gehst du bis zum Strand. Von Burg zu Burg wimpeln bunte Fahnen. Freundlich schaust Du in das Spiel der Kinder. Sand und See sind die Elemente zu ihrem Glück. Beuge dich hernieder, und Du kannst ihr Lachen teilen. Spiele mit ihnen, und sie sind dir Bruder und Schwester! Du empfindest seltsame Wonnen und sagst dir den Spruch: „Zufrieden jauchzet groß und klein: hier bin ich Mensch, hier darf ich's sein!"

Aus: *Dresdener Neueste Nachrichten*
vom 20. Juni 1925

Sommerliches Kaffeetrinken bei Helene Herveling vor der Veranda ihres blauen Strandhauses, 2. von links der Dichter Siegfried Nyscher, ca. 1935

Ein geheimnisvolles „Strandhus" – Das Lieblingshaus von Ringelnatz auf Hiddensee und die Malerin Helene Herveling-Bockenheuser

Der Dichter hatte ein Lieblingshaus auf der Insel. Es leuchtet hellblau, ist aus Holz, und selbst Hiddenseer Stammgäste gehen achtlos daran vorbei, obwohl es unmittelbar hinter der Düne am Norderende von Vitte steht. Vom Deichweg sieht man nur das hohe graue Pappdach. Es gehört zu den ersten Sommerhäusern, die hier 1929/30 von der Stralsunder Firma HOLTZ gebaut wurden mit weitem Blick über die Landschaft, in Nachbarschaft nur die Kühe der Familie Schluck. In Sichtlinie befand sich damals das von Max Taut 1922 erbaute Sommerhaus KARUSEL. Diesen Blick über die Wiesen direkt zum Haus von Asta Nielsen hat man heute nicht mehr, einige neue Häuser gruppieren sich in erster und zweiter Reihe hinter dem Deich. Schräg gegenüber ist heute das HAUS MEERBLICK der Malerin Alma Sadek.

Eine andere Malerin, die heute leider vollkommen vergessen ist, Helene Herveling-Bockenheuser (1878–1963), ließ das blaue Strandhaus

Fotos von
Helene Herveling-Bockenheuser und ihrem STRANDHUS, 1930er Jahre – unterlegt mit ihren Tagebuchaufzeichnungen,
Privatbesitz Johannes Schütt

Gruß vom Künstlerfest
H. Hervelin
Ich ging in die Berge
Tag.
Einsamkeit in
Natur! Zwischen

damals erbauen und erlebte hier viele schöne Sommer. Schriftliche Mitteilungen von ihr haben sich sehr wohl erhalten (Ruth Negendanck hatte dies noch in ihrem Buch *Hiddensee – Die besondere Insel für Künstler* verneint). Neben Briefen an einen langjährigen Hiddenseer Sommerfreund, den Leipziger Dichter Siegfried Nyscher, der in den 30er Jahren oft in Vitte wohnte und zwei Hiddensee-Gedichtbände, *Insel Hiddensee. Gedichte Band I/II* (1936/37), und eine Prosaerzählung schrieb (alle Bände sind im Heimatarchiv Hiddensee zu finden), ist von ihr ein schwarzgebundenes Heft, ihr *Hiddensee-Tagebuch (1925–1939)*, in Privatbesitz erhalten. Dieses verrät eine innig schwärmerische Liebe zur Landschaft der einzigartigen Insel Hiddensee.
Ihre Aufzeichnungen beginnen 1925:

> Ich bin wieder auf Hiddensee! Mit frohlockender Glückseligkeit gehe ich über deine Dünen, Du Insel, durch deine Heide. Ich nehme wieder von Dir Besitz, wie du von mir. Schönheit, Schönheit, ich bin erfüllt davon und singen muß ich Worte und Melodien, die du mir gibst.
> Sonnenuntergang am Meer. – Eine goldene Brücke führt von mir über das Wasser zur Sonne; als strahlende Halbkugel sinkt sie ins Meer – jetzt ist sie untergetaucht, ein Glutschein noch leuchtet an der Stelle, wo sie ins Meer ging, nach beiden Seiten des Horizontes violett sich auflösend, nach dem Zenit goldgelb sich breitend, ins Himmelblau übergehend. Goldgelb auch das Meer; Möwen mit weichen Schwingen darüber schwebend.
> Herr Gott, das lässt du mich sehen. Ewiger Himmel, ewiges Meer – mein Gott, ich danke dir!
> Ich wende mich um und sehe den weißleuchtenden Mond vollglänzend am lichtbauen Himmel. Ruhe gibt er, Frieden.

Wo das Haus heute genau steht, wird auf der Ringelnatz-Führung verraten, oder Sie unternehmen selbst eine kleine Entdeckungsreise auf dem Deichweg … Hier ein heutiges Bild:

Foto: Manja Kalbitz

Allerdings steht es nicht zur Vermietung frei, es gehört einem Ehepaar aus Kleinmachnow und wird von ihnen in den Sommermonaten bewohnt. Sie haben Ende der 50er Jahre als junges Paar noch die alte Besitzerin und Malerin kennengelernt.

Seit 2005 ist die Autorin mit den heutigen Besitzern in hiddenseeischer Freundschaft verbunden und sitzt zwei, drei Mal im Sommer im herrlich geschützt gelegenen kleinen Garten vorm Haus hinterm Meer an einer gelb-türkisen Kaffeetafel oder in der verglasten Veranda (ehemals das Atelier von Helene Herveling), umgeben von den Originalen Helene Hervelings, die den Inselblick, die blühende Heide, das Meer in allen blau-grau-türkisen Nuancen und vor allem den hohen Himmel malte.

Helene Herveling-Bockenheuser *Am Meer*
Aquarell, undatiert
Privatbesitz Andreas Arendt, Kloster

Herveling gehörte zum „Hiddensoer Künstlerinnenbund". Sie, die eigentlich ausgebildete Sängerin war, hatte nach dem Ersten Weltkrieg in Worpswede Malerei studiert, verehrte Paula Modersohn-Becker und lud nun hier auf der Insel ihrer Sehnsucht zu „Bilderausstellungen" auf handgemalten Schildern vor ihrem Haus. (Heute ist nur noch ein Drittel ihres Grundbesitzes erhalten, den Rest hat das Meer verschlungen.)

Kaum bekannt ist ebenfalls, dass Helene Herveling – „meine liebe Leni" – zu den engsten Hiddenseer Freunden Asta Nielsens im gesam-

Asta Nielsen (Bildmitte) mit Freunden, rechts der Dichter Siegfried Nyscher und die Malerin Helene Herveling-Bockenheuser, 1935
Privatbesitz Johannes Schütt, Vitte
Erstveröffentlichung

ten Zeitraum von 1929 bis 1936 gehörte. Eine handbemalte blaue Vase Asta Nielsens als Geburtstagsgeschenk, liebevolle Widmungen des Stummfilmstars auf Autogrammkarten, wie „Liebste Lene. Bewahre mir Deine Freundschaft! In Dankbarkeit und Liebe Deine Asta, Sommer 1935" und Mitteilungen in Briefen an andere Hidderseer Freunde (u. a. an Elisabeth von Blücher „Grüß mir die Leute vom Strandhus"), künden davon.

Helene Herveling mit ihrem Mann Emil, 50er Jahre
Privatbesitz Margot Wolff

Nach dem Weggang Asta Nielsens aus Deutschland 1937 in ihre Heimat Dänemark pflegten die Schauspielerin und die Malerin ihre Freundschaft in Briefen.

Helene Herveling hat das damals 10-jährige Nachbarskind Margot Gudjons (geb. 1939, sie wohnte mit ihrer Mutter Maria Gudjons 1949 bis 1957 zwei Häuser weiter) beim Heranwachsen intensiv begleitet. Immer wenn ein handgeschriebener Brief von Asta aus Kopenhagen kam, wurde der Wildfang vom unmittelbar vorm Haus gelegenen Strand gerufen, um der mittlerweile sehschwachen Helene die ersehnten Zeilen vorzulesen. Da Margot in ihren Spielhöschen immer sehr braungebrannt war, sagte Helene einmal: „Margotchen, Du siehst aus wie ein Pfefferkuchenmann."

Die Kleine hatte auch eine gute Handschrift und so schrieb sie nach Helenes Diktat Briefe an Asta, was der großen Schauspielerin auch

Helene Herveling-Bockenheuser vor dem Kindheitshaus von Margot Wolff am Norderende,
Anfang der 50er Jahre

Umschlag von Margot Wolff: Aus meiner Kinder- und Jugendzeit auf Hiddensee 1944–1957

eine Extra-Würdigung in ihren Antwortbriefen wert war: „Der lieben kleinen Margot herzlichen Dank für die schöne Schrift“.

Das alles überlieferte Margot Wolff in ihrem herrlichen, pointiert-witzig geschriebenen Erinnerungsband *Aus meiner Kinder- und Jugendzeit auf Hiddensee* (1944–1957).

Die Malerin Herveling war bereits seit Anfang der 20er Jahre jährlicher Sommergast auf der Insel und blieb es bis 1963. Kaum war der Winter in Leipzig „alles grau in grau“ vorbei, „übersommerte“ sie in Vitte auf Hiddensee und kam schon Ende April mit Stieglitz Hansi in ihr Sommerhaus mit dem schönen hellblauen Anstrich, das inmitten von duftenden Ölweiden und Silberpappeln stand.

Den Inselbewohnern und den Sommergästen fiel Helene auf, weil sie stets weiße wallende Gewänder trug. Man nannte sie „die weiße Frau“, die Inselkinder riefen sie weniger romantisch „Schleiereule“ und trällerten ihr unschön Arien nach, die der Ehemann, der Opernsänger Emil Herveling, im Haus einübte. Befragt von „Margotchen“, warum sie immer nur weiße Kleider trüge, antwortete Helene: „Kind, schau in meine Augen, sie sind hellblau, weil ich das Meer so liebe und dazu passt nur die Farbe Weiß.“ Die Hiddenseer Malerin Elisabeth

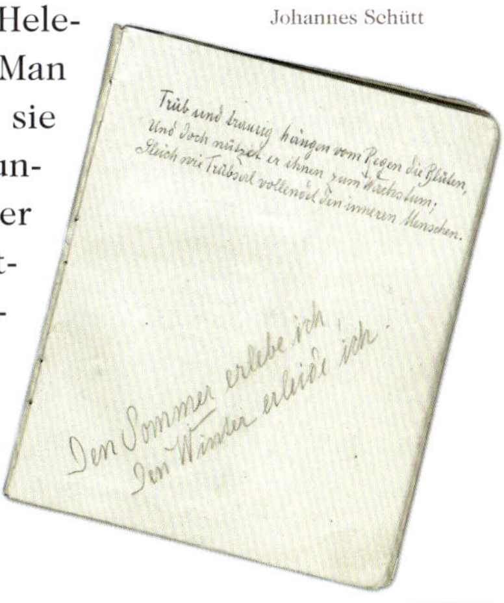

Hiddensee-Tagebuch von Helene Herveling-Bockenheuser (1925–1933), 1. Seite
Privatbesitz Johannes Schütt

Büchsel porträtierte sie in diesem weißen Kleid als „Weiße Frau an der Westküste von Hiddensee“ (Gouache, 1930), und auf wirklich allen der zahlreichen historischen Fotos von Herveling sticht das Weiß ihres Kleides ins Auge.

Helene Herveling, die „Frau in Weiß“ am Meer, ca. 1950
Foto: Max Ebel

Dazu sei jedoch angemerkt, dass Weiß zu jener Zeit, Anfang der 30er Jahre, *die* Modefarbe auf Hiddensee war; so reüssierte etwa die junge Dichterin Mascha Kaléko in ihrem weißen Hosenanzug auf der Insel, Asta Nielsen wiederum trug weiße Pelzmützchen und Kleider, und in solchen zeigte sich auch die Hiddenseer Mode-Ikone Anna Muthesius.

Helene malte, genoss die Natur und die einzigartigen Sonnenuntergänge und Mondaufgänge vor ihrer Haustür in religiös-schwärmerischer Haltung.

In den 30er Jahren hatte sie einen Freundeskreis, zu dem neben Asta Nielsen auch der Schriftsteller Siegfried Nyscher, der Maler Leo Klein-Diepold vom letzten Haus am Ortsausgang Vitte, Richtung Neuendorf und der Maler und Bildhauer Max Kruse von der Lietzenburg in Kloster gehörten.

Helene Herveling war auch einmal bei Gerhart Hauptmann eingeladen, erinnerte sich aber an ihn und seine Frau als nicht eben freigiebige Gastgeber, denn es gab nur ein spärliches Essen, dafür aber ätherische Gespräche.

Helene Herveling (rechts außen) mit Freunden zu Besuch bei Max Kruse auf der Lietzenburg
Privatbesitz Johannes Schütt

Der Freund Siegfried Nyscher bringt einen Blechkuchen von Bäcker Rohde, Vitte
Privatbesitz

Ringelnatz war im blauen Strandhaus häufig und gern zu Gast. Herveling hatte oft die ganze „Karusel“-Sippe zu Besuch, da ihr Haus auf deren üblichem Weg zum Strand lag und eine willkommene Kaffee-Station war. Leider ist kein Foto erhalten, welches den Dichter direkt an seinem Hiddenseer Lieblingshaus zeigt.

Margot Wolff erinnert sich:

Ringelnatz schloß das in der Nähe liegende blaue Holzhaus von Helene Herveling in sein Herz – auch die Besitzerin. Besonders gefiel ihm die Strandnähe des Hauses.
Helene erzählte mir einige lustige Begebenheiten mit Ringelnatz: Vollgefüllt mit erlesenen Spirituosen stürzte er sich bei kaltem Wetter splitternackt in die Ostsee und kam voller Gedichtideen zurück. Spontan hat er eine Ode an das blaue Holzhaus geschrieben und an die Haustür genagelt.

In dem (bei Diogenes erschienenen) Band *Sämtliche Gedichte* von Ringelnatz, das auch Gelegenheitspoeme enthält, wie das Geburtstagsgedichtlein „An Asta“ (um 1930)

Frohe Zukunft wie auf Rosen,
Langes Leben, weiße Hosen,
Liebesluft wie Ricke-Katz
Wünscht Dir heute Ringelnatz.

ist die *Ode an das blaue Haus* nicht enthalten. Die heutigen Hausbesitzer wissen dazu keine Auskunft zu geben.

Als ich Frau Margot Wolff im Frühjahr 2013 in Berlin befragte, konnte sie sich an dieses einfache „Tür-Gedicht“ noch vage erinnern, in dem der Duft der Ölweiden und natürlich die leuchtende hellblaue Farbe des Hauses in gereimte Verse gebracht waren.

Sie erinnerte sich lebhaft, wie die alte Malerin sich immer ausschüttete vor Lachen, wenn sie voller Begeisterung von Ringelnatz erzählte, von seinen skurrilen Streichen, wie er lustig rumkrakeelte, fürchterlich soff, Ende Oktober nackt badete und die Steine am Strand vor ihrem Haus vor seiner ideenreichen Baukunst nie sicher waren.

Er saß oft stundenlang am Strand, unser steiniges Norderende beflügelte seine Phantasie. Aus Steinen baute er skurrile Skulpturen und schenkte sie Helene. Ich habe sie alle bewundern dürfen. Wo sind sie geblieben?

Aus: Margot Wolff:
Aus meiner Kinder- und
Jugendzeit auf Hiddensee 1944–57

Auf meine Bitte, mir eine Vorstellung von diesen Steinskulpturen zu geben – Frau Wolff hat mindestens 10 dieser Ringelnatz-Figuren auf Helenes Wohnzimmer-Kommode gesehen (auch die Wände waren ehedem mit Ringelnatz-Sprüchen beklebt) – fertigte Frau Wolff, die nicht nur die Rötelstifte der Malerin geerbt hat, sondern selbst eine phantastische Malerin ist, eine Skizze an. Am übernächsten Tag hatte ich folgende aquarellierte Zeichnung im Briefkasten:

Ringelnatzens Steinskulpturen – aus der Erinnerung gezeichnet von Margot Wolff, 2013

Helene Herveling erinnerte sich immer besonders lebhaft an die Trinkfreudigkeit Ringelnatzens, berichtete mir Margot Wolff.

Die besten Vergrößerungsgläser für die Freuden dieser Welt sind die, aus denen man trinkt.

Auf der Ringelnatz-Führung gibt es an dieser wunderschönen Stelle, vor seinem Lieblingshaus auf Hiddensee, einen seiner Lieblingstrinksprüche.

Überliefert hat den Spruch die 2013 verstorbene Anneliese von Dossow, die seit 1945 auf der Insel Hiddensee zu Hause war. Ihr Mann, der Marinemaler Richard von Dossow (1896–1984), der auf dem Inselfriedhof in Kloster begraben liegt, war um 1918 mit Hans Gustav Bötticher (seit 1919 Joachim Ringelnatz) auf Borkum bei der Marine stationiert und hatte so manchen Abend mit dem Dichtermatrosen verbracht. Richard von Dossows Malleidenschaft galt vorzugsweise der Segelschiff- und Bootsmalerei. Dies hatte er mit dem Autodidakten Ringelnatz gemein, dessen Ölgemälde und Aquarelle aus den 20er Jah-

Aquarelle von Käthe Ackermann, 2012

ren nicht selten Segel- und Kriegsschiffe, Rettungsboote und maritime Welten zeigen.

Vor einigen Jahren war ich bei Frau von Dossow in ihrem Heidehaus „Palette“ zu Gast und bei dieser Gelegenheit hörte ich erstmals Ringelnatz’ derb-makabren Lieblingstrunkspruch:

In einem Teiche

In einem Teiche schwimmt eine Leiche.
An ihren Brüsten die Fische sich gelüsten.
Durch ihren Lustkanal schwimmt ein dicker fetter Aal.
Ihr Arsch ist schon ganz bemoost
Na dann – PROST!

Ute Fritsch mit Gästen bei der Ringelnatz-Asta Nielsen-Führung am blauen Strandhaus – ein guter Ort zum gemeinsamen Sanddornschnapstrinken

Wir verlassen das Herveling'sche Strandhaus und die abseits der üblichen Touristenpfade gelegenen Häuser und gehen zurück zur Hauptstraße – in Richtung Norderende Vitte.

Wo wir die Straße jetzt überqueren, in Richtung von Ringelnatz' Hauptwohnort auf Hiddensee, dem KARUSEL, hätte man 1929 aufpassen müssen, dass einen der Dichter nicht mit der Kutsche überfährt. Die vor einigen Jahren verstorbene Inselfotografin Ilse Ebel (1912–2007), eine der letzten Zeitzeuginnen, erinnerte sich noch lebhaft, wie die lauten, heiteren Hü- und Hott-Rufe des Dichters, der oft mit einem Pferdefuhrwerk auf Hiddensee unterwegs war, die stille Insel „erschütterten". In Asta Nielsens Sommerferienalben von Hiddensee (im Besitz von Renate Seydel) findet sich tatsächlich ein verschwommenes Foto, welches einen stolz auf dem Kutschbock sitzenden Ringelnatz in weißem Hemd und dunklem Mantel zeigt. Asta Nielsens Tochter Jesta kümmert sich derweil ums Pferd. Die alte kleine Kutsche ist gerade an der Korbsessel-Sitzgruppe auf dem KARUSEL-Grundstück angekommen.

Auf diesem Bild aus dem Jahre 1929 sieht man deutlich, wie frei der Blick von hier in Richtung Norderende, Vitte und Hafen war.

Ringelnatz stolz auf der kleinen Kutsche (links Asta Nielsens Tochter Jesta), Vitte, Juni 1929
Privatbesitz Renate Seydel
Erstveröffentlichung

Und jetzt sind auch wir angekommen und haben den eigentlichen Schauplatz erreicht – allerdings auf dem normalen Schotterweg und nicht wie Ringelnatz, der, wenn er aus Klosteraner oder Vitter Fischer-Kneipen kam, zu gern Abkürzungen benutzte und auch einmal in den sumpfigen Wiesen einsank und völlig durchnässt Stunden später im KARUSEL ankam.

Auf dem heutigen Weg „Zum Seglerhafen" ist es das zweite Haus links (Nr. 7): ein anderes, auffällig schönes Haus, dessen Sanierung im Mai 2015 abgeschlossen wurde.

Asta Nielsen mit zwei Freundinnen vom Norderende Vitte vor ihrem Sommerhaus KARUSEL, 1931
Privatbesitz

Sommerhaus KARUSEL, 2015
Foto: Danny Gohlke

Asta Nielsens „rundes Paradies" – das Sommerhaus KARUSEL

Das Haus selbst ist *nicht* für Asta Nielsen erbaut worden, sondern 1922 für einen kaufmännischen Direktor aus Berlin-Schöneberg namens Richard Müller, und es hieß zunächst auch HAUS MÜLLER.

Müller hatte den renommierten Berliner Architekten Max Taut (1884–1967) mit dem Bauentwurf beauftragt, der zusammen mit seinem Bruder Bruno Taut (und Franz Hofmann) ein Büro am Kurfürstendamm in Berlin hatte und zu den kreativsten und visionärsten Vertretern der Architekturzunft jener Zeit gehörte. Noch kurz vor dem ersten Hiddenseer Bau hatte er ein für die Kurische Nehrung bestimmtes drehbares Haus entworfen (1919), das jedoch nie gebaut wurde – es war wohl ein allzu kühner Entwurf.

Neben den Hiddenseer Bauten schuf Max Taut in den Jahren 1921 bis 1923 das „Haus für den Allgemeinen Deutschen Gewerkschafts-

Die von Max Taut erbauten Häuser KARUSEL und HAUS WEIDERMANN 2015
Foto: Danny Gohlke

Asta Nielsen mit Freundin und Dorfkindern vor HAUS WEIDERMANN, 1931
Privatbesitz Erstveröffentlichung

bund in Berlin-Mitte“ (ADGB-Haus, Inselstraße) mit einer besonderen aufsehenerregenden Decke für den Sitzungssaal – und parallel zum KARUSEL auf Hiddensee entwarf er das 80 m hohe Bürogebäude der *Chicago Tribune*. Alle drei Entwürfe sind Beleg für eine expressionistische und künstlerisch sehr kreative Phase im Werk Max Tauts und darüber hinaus Beispiele hoher Architektur-Kunst.

Die beiden ersten Taut-Häuser auf Hiddensee sind gewissermaßen ins Dreidimensionale erweiterte expressionistische Malereien. Das KARUSEL und das nebenstehende HAUS WEIDERMANN (mit dem einem Südwesterhut ähnelnden Dach, erbaut 1923) heben sich in Form und Farbe und in ihren eigenwilligen Konstruktionen von anderen Häusern ab.

Sie sind Sonderlinge und passen doch gut in die weite Wiesen- und Bodden-Landschaft. Sie wirken ausgesprochen heiter. Da sie ein gutes Stück von den Vitter Häusern am Norderende entfernt stehen, stören sie nicht, im Gegenteil: die beiden Taut-Häuser sind noch heute ein ganz besonderer Blickfang, sobald man die Anhöhe hinter dem Vitter Hafen erreicht hat und in Richtung Kloster schaut.

Schon Asta Nielsen fiel auf:

> *Das Dorf, in dessen Nähe ich wohnte, ist die „Hauptstadt“. Strohgedeckte Fischerhäuser wechseln ab mit übermodernen Architektureinfällen. Die kräftige, einfache Natur ist imstande, alles in sich aufzunehmen. Und alle Gegensätze in wunderbarer Harmonie zu vereinen.*

Mit den architektonisch besonderen Hiddensee-Häusern von Taut, Muthesius, Spalding/Grenander haben sich Cottbusser Architekturstudenten unter der Leitung von Prof. Jäger 2003 ausführlich beschäftigt. Dabei sind die „Hiddenseer Hausbiografien“ entstanden, die mit informativen Texten, ausgewählten historischen Fotos, architektonischen Skizzen und detailliert kommentierten großformatigen Bildtafeln die Geschichte und architektonischen Besonderheiten der Häuser anschaulich erklären. Sie können heute im hinteren, kleinen Raum im Asta-Nielsen-Haus besichtigt werden. – Das Sommerhaus ist 2014/2015 grundlegend saniert worden und strahlt in orignalgetreuer Farbgebung innen wie außen. Seit der Wiedereröffnung am 15. Mai 2015 ist ein Blick in die Innenräume möglich: im ehemaligen Wohnzimmer und Treffpunkt der Künstler steht der erhaltene Korbtisch, an dem Asta Nielsen und Joachim Ringelnatz so fröhliche Stunden miteinander verbrachten. Eine kleine Dauerausstellung mit acht Bildtafeln infomiert anhand von Auszügen aus den bekannten Tagebuch und den Lebenserinnerungen der Asta Nielsen über das heitere Sommerleben im Haus von 1929 bis 1936. Neu sind die Auszüge der Briefe Asta Nielsens aus Kopenhagen an Anna Schluck in Vitte von 1936 bis 1947. Diese Dokumente und die Sorge Asta Nielsens um ihre „gemütliche Bude“ stimmen wehmütig. Asta Nielsen kam nie wieder auf die über alles geliebte Insel – sie ließ alles Originalmobilar zurück. Die heute noch erhaltenen, bemalten Möbel (Bett, Korbtisch, Sitzbank, Schrank, Nachtschränkchen) sind neben einer Schminkecke und dem Teppich ausgestellt. Im oberen, schönen Balkonzimmer kann seit April 2015 jeden Mittwoch feierlich geheiratet werden – es ist das Trauzimmer der Insel geworden. (Fotos der Innenräume dürfen leider nicht veröffentlicht werden).

Das Sommerhaus der Asta Nielsen im Juli 2015
Foto: Danny Gohlke

Im Oktober 1928 hatte die Stummfilmkönigin Asta Nielsen das Haus erworben – im Kaufvertrag im Stralsunder Stadtarchiv sind Asta und ihre Tochter Jesta als Käuferinnen verzeichnet.

Über den Eingang zur Küche hat Asta mit Muscheln den Namen ihres geliebten runden Paradieses geschrieben.

Asta Nielsen hat sich trotz ihrer umfangreichen Hiddensee-Erinnerungen in ihrer Autobiografie nie dazu geäußert, *wie* sie den Weg auf die Insel fand.

Auch in einschlägigen Hiddensee-Publikationen findet man bis heute keine Antwort auf diese Frage, die allerdings auch nie dezidiert gestellt wurde.

Vermutlich haben mehrere Umstände und Personen eine Rolle gespielt. Zunächst sollte man ihren Film *Der Absturz – Ein Drama aus dem Künstlerleben* (1922, Regie: Ludwig Wolff, in der eigenen Produktionsfirma „Art-Film GmbH") als Inspirationsquelle in Erwägung ziehen. Eine Kopie des von Béla Balázs hochgelobten Films befindet sich im Dänischen Filminstitut in Kopenhagen.

Die tragische Geschichte um die Operettensängerin Kaja und den Fischer Karsten (gespielt von Asta Nielsens späterem Lebensgefährten Grigori Chmara) spielt im ersten Teil auf Rügen und Hiddensee. Szenenfotos zeigen eine strahlende Asta in extravagantem Kleid am Strand.

Dass die Wahl auf Hiddensee fiel, könnte seinen Grund auch in der näheren Bekanntschaft Astas mit dem Schauspieler CONRAD VEIDT (1893–1943) und dessen intensiver Begegnung mit der Insel 1920 haben.

Asta Nielsen hatte mit Veidt in den Filmen *Der Reigen* und *Kurfürstendamm – ein Höllenspuk* (beide 1920) in den Hauptrollen brilliert und kannte den Schauspieler näher. Wie ich bei meinen Recherchen zu Murnaus melodramatischem Film *Der Gang in die Nacht* (1920), in dem Veidt die Hauptrolle eines blinden Malers spielt, feststellen konnte, wurde dieser Film nicht auf der Insel Sylt gedreht, wie in einschlägigen Lexika bis heute angegeben, sondern auf Hiddensee. Schauplätze sind HENNI LEHMANNS Sommerhaus und der Hafen Vitte, der Klostertorbogen und einige Dornbusch-Wege. HANNS VON SYDOW konnte sich an diese Filmaufnahmen im August 1920 erinnern. Regisseur Murnau (der zwei Jahre später mit *Nosferatu* Filmgeschichte schrieb) und Schauspieler Veidt wohnten laut Gästebucheintrag in der Pension HAUS AM MEER von Irene von Sydow, der Mutter Hanns von Sydows.

Asta Nielsen könnte also von Veidt Näheres von dieser Insel erfahren haben, und vielleicht hat sie selbst die herrliche Landschaft Hiddensees und Rügens als Drehorte für ihren Film angeregt, den sie mit der eigenen Firma produzierte.

Natürlich war die Insel Hiddensee bereits Anfang der 20er Jahre gerade in der Schauspieler- und Literatenszene des Neuen Westens „en vogue“. Viele Berliner Zeitungen und Unterhaltungszeitschriften, vom *8-Uhr-Abendblatt* über die *Vossische Zeitung*, die *BZ am Mittag*, das *Berliner Tageblatt* bis zum Berliner Zeitgeistmagazin *Tempo*, berichteten in den Sommermonaten über dieses besondere Künstler-Refugium.

Es gibt eine Reihe anderer Schauspielerinnen und Tänzerinnen – Valeska Gert, Tilla Durieux oder Käthe Dorsch, um nur einige zu nennen –, die bereits vor Asta Nielsen Bekanntschaft mit der Insel gemacht haben. In ihrem Fall dürfte der stärkste Impuls dazu von Otto Gebühr ausgegangen sein (ihr Filmpartner in *Die Gesunkenen*, 1926), der – wie beschrieben – schon seit Anfang der 20er Jahre im eigenen Sommerhaus lange Ferien auf Hiddensee verbrachte und ein besonders intensives Verhältnis zur seiner Wahlheimat und deren Bewohner aufgebaut hatte.

Festzuhalten bleibt allerdings, dass Asta Nielsen keinen einzigen Insulaner kannte, als sie sich 1928 das besondere Sommerhaus kaufte.

Sie schrieb:

Auf Hiddensee, einer Insel westlich von Rügen, schaffte ich mir ein kleines Landhaus an, in dem ich – oft vier Monate lang – herrliche Ferien genoss. Der gegensätzliche Genuss war groß, wenn ich mich deshalb nach einer anstrengenden Saison auf der Insel niederließ – wo ich anfangs nicht eine Mutterseele kannte –, dann war mein Glück vollkommen. (…)
Eine halbe Stunde bevor wir anlegten, konnte ich bereits mein rundes Paradies entdecken, das „Karusel“, das auf seine Gäste wartete …
Unter einem unfassbar hohen und blauen Himmel, in Licht und Farben getaucht, die hier noch leuchtender waren als an anderen Orten des Nordens, die ich kenne, liegt die schmale, primitive Insel wie eine Oase in der Ostsee. Auf den weiten Wiesen grasten zwischen Häusern und Menschen Hunderte von Kühen, und im Schilf vor meinen Fenstern wachten die Reiher regungslos und reckten den Schnabel senkrecht in die Höhe, wenn sich jemand näherte …

Elisabeth Büchsel: *Norderende Vitte,* Ende der 20er Jahre
Privatbesitz

Ich selber wohnte in der Mitte der Insel, an der landschaftlich am wenigsten schönen Stelle. Dort war sie aber so schmal, dass auf der einen Seite, nur zwei Minuten vom Haus, die Ostsee über den Strand spülte, während das Wasser, das die Insel von Rügen trennt, auf der anderen Seite fast unmittelbar bis ans Haus reichte.

Asta Nielsens Entschluss hatte also nichts mit den Inselbewohnern zu tun. Im Gegensatz zum Schriftsteller Gerhart Hauptmann aber, bei dem sich das auch in fünfzig Jahren Inselliebe kaum änderte (die Ausnahme bildete die Freundschaft zum Inselpastor Arnold Gustavs), integrierte sich der Filmstar jedoch schnell und unkompliziert.

Ihre offene, heitere Art trug wesentlich dazu bei. Die Fotografin Ilse Ebel, die sie als 18-Jährige erlebte, erinnerte sich daran, wie herzhaft und laut ihr Lachen war und wie sie auf die Menschen zuging. Ihre äußere Erscheinung aber fiel auf der Insel der Einfachheit immer auf. Sie strahlte einen gewissen Luxus aus, hüllte sich in Pelzmäntelchen, trug die extravagantesten Kopfbedeckungen, meistens weiße Kleider und überhaupt besonders feine Stoffe.

Asta Nielsen, 1931
Privatbesitz
Erstveröffentlichung

Die Inneneinrichtung ihres Sommerhauses KARUSEL mit den blau bemalten und mit Blumenmotiven verzierten Holzmöbeln, Truhen, Betten, Schränkchen sowie den Korbmöbeln kennzeichnete ein relativ einfacher Landhausstil, der in starkem Kontrast zu ihren Wohnungen in Berlin und Kopenhagen stand, die von einem schweren üppigen Ba-

Asta Nielsen vor dem Terrassenzimmer des KARUSEL, 1935
Privatbesitz, Erstveröffentlichung

Ute Fritsch auf der Originalban[k] im KARUSE[L]

rock in Gestalt von Kronleuchtern, Lüstern, Gobelin-Vorhängen und massiven Schränken geprägt waren.

Viel wurde über Asta Nielsen und ihre Berliner Schauspielerfreunde auf der Insel geschrieben (wobei die Quellen immer die gleichen waren). Niemand aber beschäftigte sich bisher mit ihrem näheren Freundes- und Bekanntenkreis auf der Insel.

Da gibt es eine Menge zu entdecken, sobald man sich die Mühe macht und sich auf Spurensuche begibt und beispielsweise die Nachfahren der Freunde aufsucht, die Asta Nielsen am Vitter Norderende gefunden hatte.

Eine intensive Freundschaft verband sie etwa mit „Wufa", Elisabeth von Blücher, und deren Tochter Asta Klug, die im schönen efeuumrankten Hause am Dorfweg lebten (heute Norderende 94, linker Hausteil).

Berlin 31-8-31.

Meine liebe Eli! V[on] Herzen D[ank]
die herrliche Zeit auf Hiddensee
...
Ob Du ... ist? Und ist die
...zende Asta nach bei Dir? Dorette

Liebe Eli. Von Herzen Dank
für die herrliche Blumen.
Herzl. Grüsse Deine
ASTA ~~NIELSEN~~

Also liebe Elli und Dorette, ich wünsche Euch einen herrlichen
Sommer mit Euren Freunden und Familien.
Und ich hoffe auf einen Wiedersehen wo es auch sein wird.
Mendler sendet mit mir sein Dank und alle herzliche Grüsse.

Ein Kuss von Euer

Asta

Herzliche Grusse an Asta und Frau Muthesius.

Briefauszüge von Asta Nielsen an die Hiddenseer Freundin Elisabeth von Blücher
Privatbesitz

Elisabeth von Blücher geht Asta gratulieren, 1935
Privatbesitz, Vitte

Asta Nielsen fährt den Sohn einer Vitter Freundin spazieren, Norderende 1931
Privatbesitz, Vitte
Erstveröffentlichung

Eine der schönsten Entdeckungen bei der Spurensuche ist dieses Foto: Eine freudig schmunzelnde Asta fährt Klein-Jochen, den Sohn der anderen Asta, in Vitte im Sommer 1931 über die Boddenwiesen spazieren (Nähe Henni-Lehmann-Haus).

Der Duft von frisch geräuchertem Fisch mischte sich mit der Meeresluft und dem Hauch trockenen Grases und geteerter Netze, und Fischerkinder strampelten im Kinderwagen und lutschten an einem wohlschmeckenden Schnuller, einem soliden Spickaal.
Kein störendes Geräusch drang bis hierher, Autos waren auf der Insel verboten. Nur der Arzt durfte ein Motorrad benutzen, das den einzigen Laut von sich gab, der neben dem Töffen der Fischerboote an die mechanisierte Welt erinnerte. Sonst hörte man nur den Möwenschrei und das Brausen der ruhelosen See.

Aus Asta Nielsens Lebenserinnerungen
Die schweigende Muse

Ein junger Stammgast „Tommie“ bei Elisabeth von Blücher, Robert T. Odeman (1904–1985), später ein bekannter Hamburger und Berliner Kabarettist, hat das muntere Ferientreiben auf Hiddensee Anfang der 30er Jahre in vielen schönen Gelegenheitsversen beschrieben.

Hier folgen einige erstmals veröffentlichte Verse aus einem längeren Gedicht, in denen es um Asta und ihren sommerlichen „Auftritt“ auf den Brettern des von Blücher'schen Hauses geht:

Asta Nielsen und Robert T. Odeman

Wufa ohne Schuhe.
Quartett im August, 1931

(…)
Und pünktlich halb neun erschien auf der Schwelle
Die Frau aus dem „Karussel".
Wir waren entzückt, es sprang auf der Stelle
Ein Funke zu uns über schnelle.
Sie trug einen einfachen Rock u. Bluse
Und sprach: „Guten Abend, wie geht's?"
Da stand Asta Nielsen, die filmische Duse,
Berückend und freundlich wie stets.
Wir aßen und tranken gemütlich zu vieren,
Es war so behaglich und schön,
Begannen auch bald sehr froh zu parlieren
Und haben ins Feuer gesehen.
Doch wurden wir dabei nicht melancholisch,
Dafür kenne ich Wufa zu gut.
Es wurde im Gegenteil nun alkoholisch,
Und der ging uns schnell ins Blut.
Die Wufa hat kleine silberne Becher,
Die haben kein Hinten und Vorn.
Wir wurden bei diesen bald wackere Zecher
Und tranken nur Stralsunder Korn
Wir sprachen von gestern, wir sprachen von heute
Und haben bald heftig gelacht
Und fanden uns alle als „reizende Leute"
(…) Robert T. Odeman

Es ist nicht ganz sicher, ob der junge Robert T. Odeman Ringelnatz schon in der Hiddenseer Zeit kannte, aber später in Berlin, Anfang der 30er Jahre, gab es persönliche Kontakte – vielleicht sogar durch die Vermittlung Asta Nielsens.

Odeman hat die „filmische Duse" nach dem Krieg 1949 in Frederiksberg/Kopenhagen besucht und für eine Berliner Zeitung in dem Artikel *Ich besuchte Asta Nielsen* berichtet:

> Die Pagenfrisur trägt sie nach wie vor. Die großen lebendigen Augen sprühen noch immer und am schönsten sind sie, wenn Asta eine kleine Bosheit sagt, was sie mit unerhörtem Charme macht.

Autogrammkarte Asta Nielsens mit persönlichen Notizen an E. von Blücher
Privatbesitz

Über Ringelnatz, den der 20 Jahre jüngere Odeman als Mensch und Dichter sehr verehrte, schrieb er später folgendes Gedicht:

Wurzen geht in die Literaturgeschichte ein

Oft geht in die Geschichte ein
ein Ort, durch einen kurzen
Moment, an sich so winzig klein.
Wie steht es nun mit Wurzen?
Bisher hat diese brave Stadt
kaum achtbare Akzente,
die ein Chronist zu buchen hat.
Als einziges er könnte

den wunderschönen Dialekt
dort rühmen besten Falles,
der unserm Ohr so köstlich schmeckt,
das wäre dann auch alles.
Im Urfaust sagt zwar Goethe mal
verdrossen vom Verkehre,
es sei sehr langsam und fatal
dort auf dem Fluß die Fähre.
(…)

Und dann geschah lang gar nichts mehr,
das Städtchen döste sachte,
bis eines Tags bei Bötticher
der Storch ein Knäblein brachte.

Am siebten Achten zum Kaffee
im Jahre dreiundachtzig,
da ging's mit Wurzen in die Höh',
das Schicksal sprach: Es macht sich.
Es selber ahnte aber nicht,
wer damals dort geboren.
Wer eigentlich der kleine Wicht,
kam später ihm zu Ohren.

Ein schrullig Kind, verschnickt, verschnackt,
ein Nasenkauz, ein kleiner,
verhuscht und maritim verpackt,
und doch ein wunderfeiner.
Der kleine Hans bei Böttichers
ging ein in die Geschichte,
er kritzelte manch frechen Vers
und herrliche Gedichte.

Und Wurzen ist nicht mehr ein Platz,
an den der Spott sich kettet.
Sein Sohn Joachim Ringelnatz
hat es davor gerettet.

Aus: *Das große Robert T. Odeman-Buch,* Berlin 1974, S. 225 f.

Siegfried Nyscher, ca. 1935

Asta Nielsen pflegte, wie schon beschrieben, eine besonders intensive Freundschaft zur Malerin Helene Herveling-Bockenheuser und kannte den Hiddensee-Dichter Siegfried Nyscher gut. Von ihm stammte u. a. das Gedicht *Am Hause von Asta Nielsen* (1936).

Auch mit der Kammersängerin Anna Muthesius (1870–1961), genannt „Muma" oder „Muthesia", die schon 17 Jahre zuvor in ihrem schönen MUTHESIUS-HAUS am Süderende (heute HAUS NOWAK) ein geselliges musikalisches Zentrum etablierte hatte, war sie näher bekannt. Die Malerin Elisabeth Niemeier, geschiedene Frau des Malers und Dichters Nikolaus Niemeier (1876–1934), und vor allem *die* Hiddensee-Malerin Elisabeth Büchsel (1867–1957) streiften Asta Nielsens Hiddenseer Sommerleben.

Henni Lehmann und Asta Nielsen in Vitte, 1931
Privatbesitz

Lose Kontakte gab es auch zur jüdischen Malerin und Schriftstellerin Henni Lehmann (1863–1937), wie dieses Bild, aufgenommen auf der Vitter Dorfstraße, bezeugt.

Die beiden dürfte eine ähnliche politische Haltung verbunden haben. Beide litten an dem zunehmenden Antisemitismus, der schon in den 20er Jahren – besonders in Vitte – deutlich zu spüren gewesen war. Henni Lehmann fand in ihrem kaum bekannten Köln-Hiddensee-Roman *Der Feldherr ohne Heer* (1928) erschreckende Beschreibungen einer Judenfeindlichkeit, die den Gastwirt vom damaligen DEUTSCHEN HAUS (heute DÜNENHAUS) in Vitte mit Einheimischen und einer bestimmten Gästeklientel verband.

Josua Himmelpfort, der Held ihres Romans *Der Feldherr ohne Heer*, beobachtet eine Szene am Strand von Hiddensee: „‚Der stammt auch von den Juden ab', sagte die rohe Stimme der Blonden, während sie ungeniert mit ausgestrecktem Zeigefinger auf den Kommerzienrat wies. ‚Ich weiß es ganz genau, seine Eltern waren Juden. Es ist eine Schande, daß ein so vornehmer Mann wie der Gerichtsdirektor mit ihm verkehrt. Er mag es aber wohl nicht wissen. Man sieht es ihm nicht an.‘ ‚Ob man es ihm sagt?‘ meinte die andere Schwester. ‚Vielleicht ist er dankbar.‘ ‚Ich denke nicht daran. Der Direktor ist hochmütig und tut so unnahbar. Laß ihn nur hereinfallen. Geschieht ihm recht‘, sagte die Blonde.

‚Mutti, wenn er ein Jude ist, darf ich dann mit einem Stein nach ihm werfen?‘ fragte der Junge.“

Anhand dieser Beschreibungen kann man erahnen, wie sehr gerade Henni Lehmann, die an dem Vorwärtskommen der Gemeinde Vitte seit langen Jahren erheblichen, tätigen Anteil hatte (Darlehen für den Bau eines Arzthauses 1913 in Vitte, Mitbegründerin des „Natur- und Heimatschutzbundes Hiddensee“ und der Genossenschaftsreederei 1919), an der hier schon in den 20er Jahren um sich greifenden Ausgrenzung litt. 1922 beantragte sie den Passus „In Vitte finden Juden keine Aufnahme“ aus dem Badeprospekt zu streichen.

Henni Lehmann musste auch erleben, wie ihr künstlerisches Kind, der Ausstellungsort für die Hiddenseer Künstlerinnen, die Blaue Scheune, und der „Hiddensoer Künstlerinnenbund“ (seit 1920) von Ausgrenzung und ab 1933 von Ausstellungsverbot betroffen waren.

Von Asta Nielsen ist bekannt, dass sie bei dem ersten und letzten Zusammentreffen mit Goebbels und Hitler bei einem Filmball im Frühjahr 1933 den Mut fand, die kulturelle Leistung ihrer jüdischen Freunde besonders hervorzuheben.

Ihren Weggang von dem innig geliebten Sommerdomizil Hiddensee wie auch das Verlassen Berlins, der Stadt, die ihr 25 Jahre lang beruflich und privat ein Zuhause gab, begründete sie später dezidiert politisch. Politische Differenzen könnten dazu geführt haben, dass die Kontakte zu Gerhart Hauptmann auf die ersten beiden Jahre auf Hiddensee beschränkt blieben. Neuere Quellen – wie Margarete Hauptmanns Tagebuch – belegen, dass Asta Nielsen Hauptmann nur 1929 und 1930 in Kloster besuchte. Trotz allem betonte Asta Nielsen später in ihren Lebenserinnerungen: „Er gefiel mir außerordentlich gut.“

Die Fotos aus den verschiedenen Hiddenseer Privatquellen als auch die noch lange nicht vollständig gehobenen Briefschätze in Privat- und

Das KARUSEL nach der Sanierung, Juli 2015

Fotos: Anne-Sophie Fritsch

Archivbeständen bezeugen, dass sich Asta Nielsen innerhalb kürzester Zeit auf Hiddensee integrierte und zumindest mit den vielen anderen Sommerhausbewohnern in Vitte in geselligem Kontakt stand.

Einer der heitersten „Belege“ ist diese handgeschriebene Einladung Asta Nielsens für eine besondere KARUSEL-Freifahrt, die ich bei meiner Spurensuche entdeckte.

Wir laden Sie ergebenst
am 10 Juli 8 ½ Uhr
zu einer Probefahrt ein!
Freibrötchen!
Sollte sich das Ding zu doll
gedreht haben
werden zwischen den Touren
kleine Stärkungen
verabreicht

die Karussellinhaber

Handgeschriebene Einladungskarte Asta Nielsens an Vitter Freunde, 1931 Privatbesitz

Doch werfen wir nun einen Blick zurück in ihren ersten Inselsommer, in dem die Münchner und Berliner Künstler-Freunde die wichtigsten Gäste im KARUSEL waren.

Der lustigste und unberechenbarste war Ringel, gefolgt von seinem „Lebensadjutanten“ Muschelkalk.

Der erste gemeinsame Urlaubstag von Asta Nielsen und ihrem Lebensgefährten begann stürmisch: Aus einer liebgemeinten Überraschung des unkonventionellen Ehepaares wurde ein erschütterndes Erlebnis für Asta Nielsen und Grigori Chmara.

Sie beschrieb es wunderbar anschaulich selbst:

Es war ein Tag voll Überraschungen. Als wir heute Morgen zum Strand gingen, blieben unsere beiden Gäste zu Hause. Ich ahnte, dass etwas Großes geschehen sollte, denn sie erkundigten sich genau darüber, wie lange wir wegbleiben wollten, also die Bepflanzung sollte vor sich gehen.
Wer schilderte unseren Schrecken, als wir mittags zurückkehrten. Unser reizender Grasgarten war völlig vernichtet. Es war dem Ehepaar geglückt, alle (und noch mehrere) von uns mit großer Mühe weggebrachten Steine wieder in den Garten zu schleppen, Steinhaufen thronten zwischen gähnenden Löchern, steinerne Wege liefen wie Schnittwunden über das junge Gras, unser geliebter Garten sah aus wie ein Stückchen Erdbeben, und mitten in der Verwüstung standen stolz lächelnd unsere sieghaften Gäste. Wie ich aussah, weiß ich nicht, meines armen Mannes Ausdruck war unheimlich. Nun, sagte Ringelnatz mit Würde, können die Bepflanzungen vor sich gehen. Sein holdes Weib übergab ihm eine Liste, griff eine Tasche mit diversen winzigen Paketen und warf sich auf die Knie neben den nächstgähnenden Krater. Sie entnahm den Paketen etwas mit zwei Fingerspitzen, streute es in die Tiefe und schaufelte mit beiden Händen Erde darüber, bis es einem Kindergrab ähnlich wurde. Ringelnatz las ergänzend aus der Liste: „Kümmel, für euren Korn.“ Und so arbeitete Muschelkalk sich schweißtriefend durch die Ausgrabungen, während Ringelnatz las: „Zwiebeln, für eure Wurst, Datteln für den Nachtisch, Zitronen zum Nikolaschka und Paranüsse für Eure eventuellen Kinder.“
Und als auf diese Weise unser Garten sich in einen Kinderkirchhof umgewandelt hatte, sagte Ringelnatz in vollem Ernst:

„Ja, wenn man es schön haben will,
muss man sich eben ein bißchen Mühe geben.“

„Nikolaschka“ trank Asta Nielsen häufig mit Freunden in Vitte und auch gern mit Ringelnatz. Das Getränk kommt ursprünglich aus Ostpreußen, hier das Rezept:

NIKOLASCHKA

- 1 Flasche Weinbrand oder Cognac
- 2 Zitronen
- 1 Tasse feiner Zucker
- 1 Fingerhut Bohnenkaffeemehl
- Auf jedes Glas Weinbrand kommt eine Scheibe Zitrone, die mit Zucker und Bohnenkaffeemehl bestreut wird.

Nikolaschka zu zweit

Man schneidet zwei Zitronen
in Scheiben ohne Schalen,
bestreut sie zart mit Kaffee,
natürlich frisch gemahlen.

Darüber streut man Zucker,
gesiebt mit einem Siebe.
Das Saure und das Süße
sind Stimulans der Liebe.

Man gießt in Weinbrandgläser
die Brände, die gut taugen,
entzündet eine Kerze
und schaut sich in die Augen.

Zuerst schlürft man Zitrone
und dann den Brand hinunter.
Erbarmen! Welche Wonne!
Die Welt wird bunt und bunter.

Man sieht die Heimaterde
und hofft das es so bliebe.
Ein „Hoch“ dem Nikolaschka!
Ein dreimal „Hoch“ der Liebe.

O. E. Sattler

Jeden Tag beobachtet die Schauspielerin des Dichters Treiben auf der Insel. Vor allem amüsiert sie seine ausdauernde Bernsteinjagd. Seine grenzenlose Phantasie und Spielfreude überrascht sie immer wieder. Nach etwa zehn Tagen hält sie in ihrem Tagebuch leicht resigniert fest:

Wo Ringelnatz ist, ist man nie sicher.
Entweder steht meine Seife auf vier hohen Beinen,
oder die Brötchen auf dem Mittagstisch quietschen,
oder die Pfirsiche kommen auf den Tisch mit Straußenköpfen
aus Papier und einer Gänsefeder als Schwanz.
Er taucht in den merkwürdigsten Sachen auf.

Ringelnatz lebte seine unbändige kindliche Spielfreude und Kreativität in der Leichtigkeit eines Sommers auf Hiddensee voll aus. Der „reisende Artist“, aller finanzieller Sorgen und der anstrengenden Tingelei von Auftritt zu Auftritt für drei Wochen Urlaub enthoben (den er sich sonst nie leistete), fand auf der Insel zu seiner Hochform und unbändigen Lebenslust zurück. Frei nach seinem Versmotto

Vergiß dich,
es soll dein Denken nicht weiter reichen
als ein Grashüpferhupf

verbrachte er hier seine Tage.

Onkel Ringelnatz war zeit seines Lebens bei Freunden und vor allem bei den Kindern seiner Freunde beliebt und ein gern gesehener Gast. Auch wenn er mal schnell die Blumenmuster im kostbaren Orient-Teppich im Flur gießen musste: „Die Blumen brauchen doch Wasser“ oder den Kindern zeigte, wie dick mit Butter bestrichene Brötchen an der Decke kleben blieben, wenn man sie pfeilgerade nach oben schmiss. Manche Eltern zeigten noch Jahre später die Ringelnatz'schen Fettflecken mit Stolz vor. Das Gedicht *Himmelsklöße* treibt den hier beschriebenen Tathergang auf die Spitze …

In vielen Kinder-Gedichten gibt Ringel sonderbare Erziehungsratschläge:

Ernster Rat an Kinder

Kinder, ihr müsst euch mehr zutrauen!
Ihr lasst euch von Erwachsenen belügen
Und schlagen. –
Denkt mal:
Fünf Kinder reichen,
Um eine Großmama zu verhauen.

In: Kinder-Verwirr-Buch, 1931

Kinder, spielt mit einer Zwirnsrolle!

Gewaltigen Erfolg erzielt,
wer eine große Rolle spielt.
Im Leben spielt zum Beispiel so
Ganz große Rolle: der Popo
…
Denkt nach, dann könnt ihr zwischen Zeilen
Auch mit geschlossenen Augen lesen,
Daß Onkel Ringelnatz bisweilen
Ein herzbetrunkenes Kind gewesen.

Ringelnatz hat die Kinderseele voll und ganz verstanden. So kann man bei ihm über *Pfützen* lesen, die Kinder selig machen, oder in *Kindersand* über das hingebungsvolle Spielen am Meeresstrand und auch über die kleine Freude, Bläschen zu machen in der Badewanne …

Seine Forderung:

Kind, spiele!

Spiele Kutscher und Pferd!
Trommle – Bau dir viele
Häuser und Automobile! –
Koche am Puppenherd
…
Spiele – Doch immer bleibe
Freundlich zu allem, womit du spielst.
Weil alles (auch tote Gegenstände)
Dein Herz mehr ansieht als deine
Hände.
Und weil alle Menschen
(auch du, mein Kind)
Spielzeug des Lieben Gottes sind.

Nie bist du ohne nebendir

Was du verschweigst,
Was du den andern nicht zeigst,
Was dein Mund spricht
Und deine Hand tut.
Es kommt alles ans Licht.
Sei ohnedies gut.

Schöne Künstlergeselligkeit am KARUSEL

Aquarell von Käthe Ackermann, 2012

Das schöne Sommerhaus wurde zum Künstlertreff. Hier spielte man vergnügt-schelmisch miteinander Karten, frühstückte ausgiebig zusammen, trank immer wieder gern Kaffee (Ringelnatz war ein ausgesprochener Vieltrinker von Kaffee schwarz), las einander vor oder traf sich mit anderen Künstlern.

Ringelnatz und Asta Nielsen beim Kaffeetrinken hinter dem KARUSEL, Juni 1929
Erstveröffentlichung

Der Briefträger kommt! Ringelnatz und Asta Nielsen, im Hintergrund Muschelkalk, Juni 1929
Fotos im Besitz von Renate Seydel

Ringelnatz, Asta Nielsen, Muschelkalk und Jesta segeln vor Hiddensee, Juni 1929
Fotos aus Asta Nielsens Ferienalbum im Besitz von Renate Seydel

Wenn es nicht zum Strand ging, stach man in Begleitung von Hiddenseer Fischern in See zu einem kleinen lustigen Segelausflug.

Asta Nielsen beschrieb ihr KARUSEL als ein Haus,

das allmählich zum Sammelpunkt für Maler, Schriftsteller und Schauspieler wurde, die sich auch Hiddensee für ihre Ferien ausgesucht hatten. Im Allgemeinen fanden sie sich gegen drei Uhr ein. Dann stellten wir Tische und Stühle ins Gras, etwas anderes gab es nicht um mein Haus. Das Mädchen lief mit Kaffeekannen ein und aus; ihr gefiel es, dass die mit Kringeln des Insel-Bäckers gefüllten Schalen sich so rasch leerten. Einige Gäste blieben hin und wieder zum Abend. Räucheraal und Flundern waren Hauptbestandteil der Mahlzeit. In dieser Gegend war alles so gesegnet einfach. Nach dem Essen versammelten wir uns am Kamin um die Kupferbowle, in der Waldbeeren in frischem Sekt und Mosel Greifen spielten, und die Unterhaltung hub an.

Die Hiddenseer Abende waren trink- und kunstselige Abende.

Asta Nielsen erinnert sich:

Die Kunstwelt wurde von allen Seiten beleuchtet und erhielt ihren blauen oder roten Stempel. Jeder hatte seine ausgesprochen persönliche Ansicht, und keiner hielt damit hinter dem Berg. Besonders die Münchener Künstler lösten sämtliche Probleme der Welt: Der Dichter Ringelnatz veranschaulichte im Handumdrehen mit Hilfe von Streichhölzern, wie die Pyramiden in der Wüste erbaut wurden, und der Bildhauer Martin Möller bedauerte, nicht zur Zeit Benvenuto Cellinis zu leben, in der man umfangreich von Dolchen und Gift Gebrauch machte, um sich Nebenbuhler vom Halse zu schaffen. Ringelnatz, der damals einer der genialsten Dichter Deutschlands war, hielt „La Paloma" für das beste Musikstück der Welt und Chaplin für größer als Shakespeare, was Heinrich George veranlasste, sich aus Protest so hart auf einen meiner bedauernswerten Stühle fallen zu lassen, dass er durch den Sitz brach.

Karikatur von Walter Trier: *Asta tanzend*

Heinrich George auf noch nicht zusammengebrochenem Korbsessel schlafend, an der Seite von Asta Nielsen
Foto von Max Ebel, Juli 1931

Martin Möller und Asta Nielsen
ullstein bild, Erstveröffentlichung

Wenn die Wogen der Diskussion über den Häuptern der Künstler zusammenzuschlagen drohten, stellten wir das Grammophon an. Mit einemmal waren alle auf den Beinen. Pyramiden und Benvenuto sanken ins Meer, Tische und Stühle wurden an die Wand geschoben, und jeder ergriff seines nächsten Weib.

Nirgends war man so jung, so froh und so frei wie auf dieser schönen Insel.

Ein Hiddenseer Werk:

Die Flasche – Eine Seemannsballade von Joachim Ringelnatz

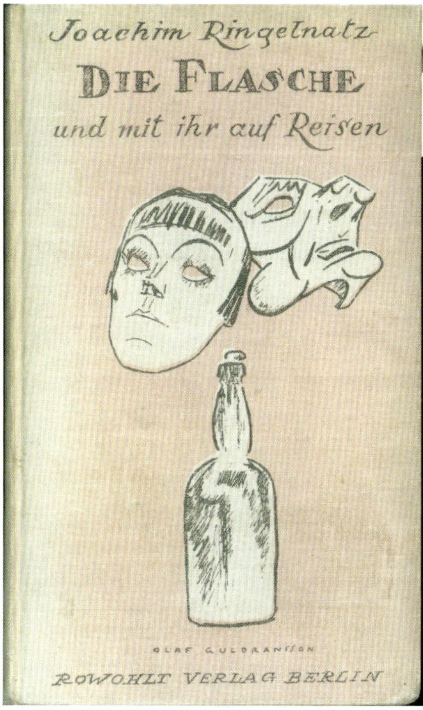

Das schönste und wohl auch bekannteste Hiddensee-Foto des Freundespaares zeigt einen Ringelnatz, der beim Kaffeetrinken vorm KARUSEL einer ihm vergnügt zuhörenden Asta Nielsen aus einem Heftbüchlein vorliest. Dem Hiddenseer Künstler-Fotografen Max Ebel gelang dieses heitere Foto, welches das Wesen und die innige Vertrautheit der beiden sehr gut trifft. (Diese Aufnahme darf leider wegen ungeklärter Bild-/Urheberrechte nicht verwendet werden.)

Doch *was* liest der Dichter der Schauspielerin konkret vor, was bringt sie so zum Schmunzeln? Es ist das kaum bekannte Ringelnatz'sche Theaterstück *Die Flasche – Eine Seemannsballade,* geschrieben in großen Teilen in diesen Hiddenseer Ferien.

Max Ebels Tochter Ilse, spätere Fotografenmeisterin von Hiddensee, zum Zeitpunkt der Hiddenseer Aufnahme 17 Jahre jung, hat in späteren

Jahren oft betont, dass dieses Heftbuch wichtige Entwürfe und Szenen des Seemannsdramas *Die Flasche* von Joachim Ringelnatz enthielt. Sie erinnerte sich ebenfalls an das überaus herzhafte Lachen der Asta Nielsen beim Zuhören. Das Büchlein selbst ist leider verlorengegangen. Auch Muschelkalk bestätigte schon 1937, dass ihr Ehemann auf Hiddensee „die ersten Entwürfe der ‚Flasche' Asta Nielsen vorgelesen hat" (vgl. *In Memoriam Joachim Ringelnatz,* 2010, S. 104).

Sein siebtes Bühnenwerk begann Ringelnatz im April 1929 zwar in München zu schreiben, aber in wesentlichen Teilen ist das Drama ein Hiddenseer Werk, geschrieben unter starkem Einfluss von Asta Nielsen und maßgeschneidert für sich und seine Schauspielerfreunde. Ringelnatz selbst betonte bei Erscheinen des gedruckten Werkes drei Jahre später in den ersten Zeilen des Einleitungskapitels *Mit der ‚Flasche' auf Reisen (Ein Tagebuch von 1932):*

Den Drei-Akter „Die Flasche" hatte ich seinerzeit auf Hiddensee bei Asta Nielsen und für Asta Nielsen geschrieben. Es war so gedacht, daß sie die Petra und daß Grigori Chmara den Grischa spielen sollte. Ich selbst hatte von Anfang an mit der Rolle des Hans Pepper geliebäugelt. Diese Besetzung kam nicht zustande. Aber für mich steht das Stück sozusagen unter dem Protektorat der Asta Nielsen. Eine „Seemannsballade" nannte ich es. Einerseits um das Publikum darauf vorzubereiten, daß es sich hier um kein gewichtiges hochdramatisches Opus handelte und andererseits, um a priori den Vorwurf zu entkräften, das Stück wäre zu sentimental. Denn ich wußte aus Erfahrung, wie sentimental Seeleute sind, wie sentimental das Volk in den Häfen ist.

Dieser Drei-Akter *Die Flasche* ist in der Tat sentimental und rührte bei den folgenden Theateraufführungen 1932 in Leipzig, Hamburg, Berlin, Hannover und anderen deutschen Städten das Publikum zu Tränen, insbesondere beim Schlussakt.

Ich hörte nur vielfach jenes heisere Räuspern, das ein Weinen verdecken will. Und ich war selbst gerührt und dankbar und glücklich.

Ringelnatz über seine Beobachtung bei der ersten eigenen Aufführung in Hannover

In diesem Volksstück geht es um zwei Liebende: das Hafenmädchen Petra und den Matrosen Hans Pepper. Zwei Königskinder. Die, obwohl sie zusammengehören, nicht zueinander kommen (können). Es geht um Ferne, Sehnsucht, die See und ein ewiges „zu spät“ und schließlich den Tod, der einer kaum gelebten Liebe vorauseilt.

Das Stück ist auch ein Hohelied auf die Freundschaft (zwischen Seemann Hans und Musiker Grischa) und gleichzeitig ein erschütterndes Drama über Vertrauensbruch und menschlichen Verrat. Der krummbeinige Naturbursche Hans, der fest an das Gute im Menschen und die Liebe glaubt, vertraut sorglos dem reichen russischen Fürsten Boris Georgewitsch, einem potentiellen Konkurrenten, seine Geliebte an. Und wird bitter enttäuscht von ihm und dessen Gutmenschentum, aber auch von seiner großen Liebe selbst, dem treulosen Hafenmädchen.

Erster Akt

PEPPER *(einschlagend)*: Aber sie muß immer zu mir gehören!
PETRA: *(küßt Pepper)*: Immer.
FÜRST: Dein Heimathafen soll immer Petra heißen. *(Küßt Pepper)*

Zusammengehalten wird das Drama von einer Flasche ‚Black Label Whisky‘ und viel Seemannsgarn. Der erste Satz bzw. die erste Frage im Stück lautet ringelnatzig: „Trinkst Du noch einen?“ – Ort des Geschehens: Die Hamburger Seemannskneipe „Zur Kiautschoubucht“ im März 1927. Nach langer Seereise schließt Hans Pepper, der Matrose, „sein einziges Glück“, das dänische Hafenmädchen Petra, in die Arme:

PEPPER: Ach Du! ... Weißt Du, wie Dein Haar riecht? So – wie wenn nach langer Fahrt Land in Sicht kommt. – So – erst Seegras – dann Treibgut und dann – oh! Schenk ein, Mutter Mewes.

Ein ganzes Jahr hat er sich nur auf sie gefreut (und mit anderen geschlafen), ihr Bild in der Koje aufgehangen, ihren Namen in den Arm eingeritzt, sich am Hafen aus Eifersucht gleich geprügelt, weil man ihm zusteckte, dass Petra auch mit Larsen, Johnny ... schläft. Nun erfährt er als erstes, dass seine Petra auf lange Erholungsreise mit einem russischen Fürsten gehen will. Hans Pepper soll zwar zunächst auch auf die feine Yacht ‚Rotschinka‘ mitkommen – der Fürst will nur

Freunde um sich haben –, aber Pepper schlägt aus, weil er schon dem auslaufenden Schoner ‚Olaf' seine Seemanns-Arbeitskraft verkauft hat. Alle schwören, sich spätestens in zwei Jahren, am 21. März 1929, in der Hamburger Kneipe wiederzutreffen.

Ringelnatz alias Hans Bötticher, der ehemalige Seemann, hat sich hier die wahrhaft tragikomische Figur des Matrosen Hans Pepper mit dem großen Herzen auf den Leib geschrieben. Sie ähnelt verdächtig seinem literarischen Alter Ego „Kuttel Daddeldu": Hans ist einer, der sein Mädchen aufrichtig liebt, aber seiner ‚Braut', der See, und dem Abenteuer den Vorrang gibt und dadurch am Ende seine Liebe und sein Leben verliert.

Der berühmte Theaterkritiker Alfred Kerr bemerkte, welche szenische Kraft dem Whisky in Ringelnatz' Stück eingeräumt wurde und fasste anlässlich einer Aufführung in den Berliner Kammerspielen im *Berliner Tageblatt* am 11. Januar 1933 die Bühnenhandlung so zusammen:

> Ein reicher russischer Fürst, in den besten Jahren und von edelster Gesinnung, nimmt auf seine Yacht, ganz unverbindlich, rein menschlich, ein Mädchen aus der Hafenkneipe, die einem schlichten, derben goldigen Matrosen verlobt ist. Ihr Hans hat redlich Herz. Wohl fährt der Matrose Hans Pepper fern zur See und hält es draußen in der Welt mit anderen Mädchen, braunen und gelblichen; wild ist das Matrosenleben, das weiß man. Wohl schläft seine Braut Petra gelegentlich in St. Pauli mit einem anderen, das kann vorkommen. Aber Treue um Treue. (…) Was kommen muß, kommt. Fürst Boris nicht mehr unverbindlich, Hans Pepper war primitiv. Was hat Petra jetzt zum erstenmal getan? Einen Blick in eine andere Welt … Der goldige Matrose findet das Feld leer. (…) Alle beteiligten Freunde haben sich fest verabredet, am 21. März des Jahres Soundsoviel, wo auch in der Welt ihr Aufenthalt sein mag, in dem einfachen, schmucklosen Hafenwirtshaus (bei Mutter Mewes) zusammenzutreffen, (…), Gruß und Händedruck. Jeder hält sein Wort. Jedoch der verratene Hans Pepper hat nichts als eine schwimmende Flasche geschickt – vor dem Untergang.

Wir Fahrensleute
Lieben die See.
Die Seemanns-
bräute
Gelten für heute,
Sind nur für
today.

Die Mädchen, die
weinen
Sind schwach auf
den Beinen.
Was schert uns
ihr Weh!
Das Weh, ach das
legt sich.
Unsre Heimat
bewegt sich
Und trägt uns in
See,
Far away.

In dieser letzten Flaschenpost findet Petra einen Zettel: „Aus Liebe Hans Pepper", und auch ihr wird nun schmerzhaft bewusst, die einzige wirklich große Liebe ihres Lebens leichtfertig verspielt zu haben. Ihr guter Hans ist auf seiner letzten Schiffsreise – kurz vor ihrem Wiedersehen und endgültigen Zusammensein – ums Leben gekommen. Sie verlässt den Fürsten und dessen Yacht und wird nun wieder ein einfaches, einsames Hafenmädchen.

Die Fabel ist dünn, die Dialoge nicht immer eine Meisterleistung, das Ende sehr sentimental – einer der Gründe, warum Asta Nielsen das Stück wohl nie spielte, obwohl es im Grunde ihr huldigte und Ausdruck der tiefgefühlten platonischen Liebe von Ringelnatz war.

Im Stück gilt die ganze Liebe Hans Peppers dem dänischen Mädchen Petra, einer verlorenen Seele und einem Waisenkind: „Bis heute war sie mein einziges Glück, überall, bei jedem Wetter und bei jeder See." Grischa beobachtete: „Mein Freund ist ganz verrückt auf sie." Aber diese Liebe bestand nur aus einmal im Jahr verschickten Ansichtskarte aus aller Welt mit den immer gleichen mageren Zeilen: „Aus Liebe – Hans Pepper" und höchstens ein bis zwei jährlichen Rendezvous in der Hamburger Hafenkneipe bei Mutter Mewes. Bei diesen Treffen bringt Hans die wunderlichsten, aber mit Liebe ausgesuchten Geschenke mit, wie z. B. ausgestopfte Krokodile und lebendige Affen.

In der realen Freundschaftbeziehung erhielt Asta Nielsen, seine engste Vertraute, die unbedingt das dänische Hafenmädchen Petra spielen sollte, ständig kuriose Gaben wie Meerespferdchen oder verliebte Hühner aus Elfenbein von Ringelnatz, dem „ewigen Primaner", und wurde immer wieder durch seine Späße überrascht. „Es konnte passieren, daß ein Miniaturmatrose, ein Bild von ihm selber, ausgeschnitten und auf Pappe geklebt, mitten auf der Treppe stand und einen empfing."

Wie ein roter Faden zieht sich Ringelnatzens Lieblingslied *La Paloma* durch das Bühnenstück – es ist auch Hans Peppers Lieblingssong, und Petra lässt es den Musikanten Grischa immer wieder anstimmen, um ihrem Liebsten eine Freude zu bereiten. Jenes bittersüße Lied, welches Ringelnatz im Juni 1929 zu jeder Tageszeit auf Hiddensee vor sich hinschmetterte und vor seinen Künstlerkollegen in abendlicher Runde im KARUSEL als „größtes Musikwerk aller Zeiten" pries.

Im Stück erinnert sich Petra immer dann sehnsuchtsvoll an ihren echten Matrosen, wenn sie das alte mexikanische Lied „Es zog mich an Bord, und es wehte ein kühler Wind …" hört.

Persönliche Details, wie die Lieblingsblumen Asta Nielsens, weiße Lilien, sind im Stück „verarbeitet". Stets waren es diese Blumen, die ihr Ringelnatz zu Theaterpremieren und an Geburtstagen mitbrachte. „Als ich abends meine Garderobe betrat, war die eine Ecke vollständig mit weißen Lilien bedeckt, die er als meine Lieblingsblumen kannte", schrieb sie in ihrer Autobiografie *Die schweigende Muse*.

Im Drama lässt der feine russische Fürst Boris, der Nebenbuhler, dem dänischen Mädchen Petra zu Ehren ein ganzes Flugzeug mit Lilien auskleiden, um ihr so seine Liebe zu zeigen.

Obwohl er fast in jedem Hafen ein Mädchen hat (am schönsten sind die bronzefarbenen Samoanerinnen – eine kleine Reminiszenz im Stück an Ringelnatz' Pubertätsjahre, als er sich lieber von Samoanerinnen im Leipziger Zoo tätowieren ließ anstatt in die benachbarte Schule zur Abschlussprüfung zu gehen), denkt Hans Pepper immer sehnsüchtig an Petra. Einmal auf einer langen Reise hätte er fast „geweint, als der Koch von der ‚Oslo' genauso gelacht hat, wie sie lacht." Er ist ein tief Liebender, aber er rennt immer genau dann fort, wenn er zugreifen sollte.

Pepper (auf den Stuhl zeigend): Petra ist meine Braut. Wir haben uns siebzehn Monate nicht gesehen. (Er zieht ein Photo hervor und zeigt es dem Kellner.)
Kellner: Ja, das ist die Dame.
Pepper: Ist sie nicht schön?

Pepper (zeigt nochmals das Photo): Solche Augen hat sie. — Ach wenn sie hier wäre und mich wenigstens beschimpfte, weil ich zu spät gekommen bin. — Wenn sie schimpft, das ist so, als wenn einer, der sich nicht selbst waschen mag, von ihr gewaschen wird. Prost! (Trinkt und reicht die Flasche dem Kellner.)

Zweiter Akt

Er *(Hans) zieht ein Photo hervor und zeigt es dem Kellner:*
Ist sie nicht schön?

Kellner: Es ist eine bezaubernde Dame.

Pepper: – Ja, so ist sie. Aber ich kanns ihr nicht sagen. Wenn ich sie sehe, hab ich ein Brett vorm Kopf …

„Solche Augen hat sie"

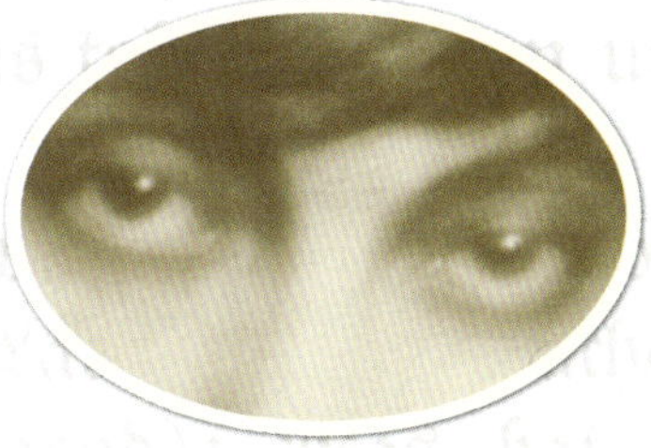

In welchem Maße Asta Nielsen Vorbild für die Figur der Petra war, erschließt sich aus dem nachfolgenden Ringelnatz'schen Reisetagebuch der „Flaschentournee", als er mit den Schauspielern des Nordhäuser Theaters in diesem Stück im Frühsommer 1932 in 31 Aufführungen den Hans Pepper selbst spielte:

Übrigens waren die Nordhäuser nicht etwa gebürtige Nordhäuser. Die „Dänin Petra“ stammte aus Wiesbaden. Ich bat Petra, mir nicht zu verübeln, wenn ich im dritten Akt statt ihres Konterfeis das der Asta Nielsen hervorzöge und bewunderte. Asta hatte mir dazu auf meinen Wunsch einige Photokarten von sich und für die Premiere eine besonders schöne mit einer lieben Widmung mitgegeben. – Petra verstand. Sie lachte sonnig und hatte schöne Zähne.

Das ganze Stück scheint eine kaum verdeckte Liebeserklärung, zumindest aber eine große Verbeugung von Ringelnatz vor Asta Nielsen zu sein. Freilich in dem Wissen, dass es nie über das Platonische hinausgehen wird.

Obwohl man sich zueinander hingezogen fühlt (die „Barfußmädchenseele“ Asta), sich bedingungslos vertraut, kann man nie wirklich zusammenkommen.

Letztendlich war es auch unmöglich, da im realen Leben andere Liebespartner an ihrer Seite standen. Bis ca. Mitte 1934 war es der russische Schauspieler und Musiker Grigori Chmara (der den Grischa spielen sollte) an der Seite Asta Nielsens – und Leonharda Pieper alias Muschelkalk war der „treue Lebensadjutant“ bis zum frühen Tod des Dichters am 17. November 1934.

Dein RingelDirtreu

Das Stück enthält viele aberwitzige Momente zwischen Hans, Petra und Grischa, die einen heute noch Asta Nielsens Schmunzeln verstehen lassen, wenn man persönliche Details und Interna der Freundschaft zwischen Ringelnatz und Asta kennt.

Muschelkalk deutet in einem Brief kurz nach der fröhlichen Hiddenseer Zeit an, dass die Schauspielerin Asta Nielsen mit der künstlerischen Qualität der Endfassung des Stückes nicht zufrieden war.

So waren es sicher nicht nur Termingründe – Asta Nielsen spielte 1932 in ihrem ersten Tonfilm *Unmögliche Liebe* eine Hauptrolle –, die die Schauspielerin veranlassten, die von Ringelnatz so sehr gewünschte Mitwirkung auf der Bühne drei Jahre später konsequent abzulehnen.

Diese Seemannsballade ist bei aller Detailtreue des Seemannsmilieus und der einzelnen Figuren tatsächlich etwas dünnblütig und lässt wenig Raum für eine schauspielerische Entfaltung. Im dramatischen Genre reüssierte Ringelnatz generell nicht und der Dreiakter *Die Flasche* liegt in seiner literarischen Qualität weit unter der seiner Lyrik und Prosa. Alfred Kerrs Theaterkritik schloss zurecht mit den Worten:

„Lieber Joachim Ringelnatz, eine Filmfabel zu erfinden ist nicht genug für ein Drama. Und einen Umriss bieten nicht genug für einen Film."

Gleichwohl findet man viel von Ringelnatzens innerster Seele in der geradlinigen Figur des Hans Pepper und seinem bedingungslosen Glauben an Freundschaft und Liebe.

Szenenfoto der Uraufführung von *Die Flasche* Leipzig, 9. Januar 1932

Das Stück erlebte am 9. Januar 1932 im Schauspielhaus Leipzig seine Uraufführung. Diese wurde, wie Ringelnatz selbst schrieb, „vielleicht nur durch die geniale Regie des Direktors Otto Werther ein großer Erfolg". Es folgten Nachspiele auf vier verschiedenen Bühnen, u.a. dem Hamburger Thalia-Theater, und es entstand eine Hörspielfassung.

Die Schauspielertruppe des Nordhäuser Stadttheaters fragte bei Ringelnatz im Frühjahr 1932 an, ob er selbst nicht Lust hätte, mit ihnen auf eine Sommertournee des Stückes quer durch Mitteldeutschland und ins benachbarte Ausland (Zürich, Prag) zu gehen und den Matrosen Hans Pepper zu spielen.

Obwohl weder Asta Nielsen die „Petra" noch Grigori Chmara den „Musiker Grischa" spielte und auch der enge Freund Paul Wegener, der noch im November 1931 mit der Rolle des „Fürsten Boris" geliebäugelt hatte, absagte, stürzte sich Ringelnatz mit Feuereifer in seine Bühnenrolle. Für ihn war es die erste schauspielerische Herausforderung nach seinen kabarettistischen Auftritten. Voller Elan besorgte er seine Bühnenausrüstung; einige Kleidungsstücke hatte er noch aus seiner eigenen Seefahrerzeit.

Die Generalprobe fand auf einer gemieteten Saalbühne in Berlin statt: *Asta Nielsen war zugegen und ein Freund von mir, der einen Eiskühler und Sekt mitbrachte und natürlich M., die gar zu gern mit uns gereist wäre. Asta gab mir noch einige gute Ratschläge, die ich dankbar annahm. Denn es war das erstemal, daß ich ohne kabarettistischen Rahmen als Schauspieler auf Theaterbühnen auftreten sollte. Ich war etwas besorgt, ob meine Sprache ausreichen würde, (...) aber auch wiederum unternehmungslustig.*

Aus: Mit der *‚Flasche' auf Reisen*
(Ein Tagebuch von 1932)

Die Tournee begann mit einer Enttäuschung – noch vor der ersten Aufführung in Hannover am 20. Mai 1932 passierte Folgendes:

Vier anschließende Badeorte sagten im letzten Moment ab, des plötzlich eingetretenen schönen Wetters wegen.

Die erste Aufführung und sein künstlerisches Debüt als Schauspieler in Hannover bezeichnete Ringelnatz zwar als „Erfolg". Aber die erste Gage, die er nach der kollektiven Berechnung ausgezahlt bekam, reichte nicht einmal für das Reisegeld Berlin-Hannover für ihn und seine Frau Muschelkalk.

Die ganze Tournee, die im Mai und Juni 1932 insgesamt 31 Aufführungen – u.a. Bad Kissingen, Nürnberg, München, Bad Elster, Eisenach, Pforzheim, Kassel, Basel, Zürich, Prag – erlebte, war finanziell ein Desaster und künstlerisch ein eher mittelmäßiger Erfolg.

Ringelnatz selbst, sein besonderes Charisma und seine Präsenz auf der Bühne überzeugten. So lacht er zwar über einen Kritiker, der ihn eine „tragische Kruke" und „einen dünnen Sandhering" nennt, freut sich aber auch aufrichtig über Kritiker-Sätze wie „er macht seine Sache ganz famos und stand fest und sicher in seiner Rolle" oder „er spielt sich selbst, skurril, versonnen, mit einem unendlichen sehnsüchtigen Unterton, über den Kapriolen zuckten, mit einer stillen Wehmut hinter rauhen Tönen". Kafkas Freund, Max Brod, der ihn in Prag spielen sah, vergaß bei Ringelnatz' Spiel alle bühnentechnische Kritik und schrieb: „Man versinkt in die Schwermut des Lebens".

Wenn man Ringelnatz als *Mensch* in seiner Zeit und Deutschlands politische, wirtschaftliche, kulturelle Lage im Frühsommer 1932, die von hoher Arbeitslosigkeit, Unruhen und einem zerfallenden Kulturbetrieb geprägt ist, kennenlernen will, so ist das ausführliche Tournee-Tagebuch Ringelnatzens ein äußerst interessantes kulturhistorisches Lehrstück.

Ringelnatz beobachtete sehr genau die politischen Wirrnisse in den verschiedensten Orten Deutschlands, ist angewidert vom Hitler-Rummel und entsprechenden Aufmärschen, sieht sorgenvoll die zahlreichen Arbeitslosen.

Die Tournee war pekuniär eine Katastrophe und wurde abgebrochen. „Arm wie die Kirchenmäuse und obendrein noch mit Schulden belastet“ kehrten sie noch vor Ende der Gastspielreise am 1. Juli 1932 zurück. Seinen sieben „Flaschenkindern“ widmete Ringelnatz ein Gedicht, das er jedem handschriftlich überreichte:

Das Schicksal pustet ins Kollektiv.
Freunde, die wir uns nennen,
Durch enges Gemeinsam uns kennen,
Nun müssen wir uns trennen.
Wir gingen gerade. Der Weg ging oft schief.
(…)

Das ist das traurige Ende der *Flasche* 1932. Der sorgenfreie Beginn war mit den schönen Hiddenseer Ferien verbunden.

Die Ringelnatz’schen Sommertage waren neben dem ewigen Bernsteinsammeln mit der künstlerischen Arbeit an der „Flasche“ und der Ausformulierung der Petra-Figur in Gegenwart Asta Nielsens ausgefüllt. Die Abende vergingen mit dem Austrinken von einigen Flaschen im KARUSEL – nicht viel anders als bei dem berühmten Nachbarn Gerhart Hauptmann, bei dem 500 Flaschen im Weinkeller nicht „übersommern“ konnten.

Originalkorbtisch von Asta Nielsens KARUSEL,
an diesem Tisch saß sie sehr oft mit Ringelnatz vor dem Terrassenzimmer im Freien
Foto von der provisorischen Haus-Ausstellung im KARUSEL, 2011, Susanne Sultan

In diesem Balkonzimmer in der oberen Etage befindet sich nun – nach der Sanierung 2015 – das sehr schön eingerichtete Trauzimmer der Insel, an dem jeden Mittwoch der Woche geheiratet werden darf.
(Neue Fotos des Zimmers dürfen aufgrund des Verbots des Hafen- und Kurbetriebs Hiddensee leider nicht veröffentlicht werden)

Festmenü-Karte mit Seepferdchen und Anmerkungen

Ende der Hiddenseer Sommerfrische

Am letzten Juni-Abend 1929 gab es eine feuchtfröhliche Abschiedsfeier nach den herrlichen drei gemeinsamen Hiddenseer Ferienwochen von Asta Nielsen, Grischa Chmara, Ringelnatz und Muschelkalk im KARUSEL. Die originelle Speisekarte des letzten *Festmenüs* – mit lustigen Anmerkungen – ist erhalten.

1. Juli 1929

Heute reisten unsere Gäste nach dem Festland zurück. Muschelkalk und ich unterdrückten beim Abschied eine kleine Träne, Ringelnatz dagegen war so froh, von der Natur wieder fliehen zu können, daß er vor Freude sein neues großes Seidentaschentuch als Abschied ins Meer fliegen ließ …

Aus Asta Nielsens Tagebuch

An einen Leuchtturm

Da wir heute nur an Stellen, die seicht
Sind, modeln und graben – –
Leuchtturm, deine Arme möchte ich haben
Und umarmen, was in deine Kreise reicht.

Wenn zwei treue Hände in weitem Bogen
Einander fangen – –. Ehe ihr Gruß spricht und lauscht,
Sind zehn lange Wogen vorübergezogen,
Hat ein Urwald gerauscht.

Weil das Niedrige überblickt sein sollte
Von dem weiten Blick über Meer und Land – –.

Als ich heute ein Glühwürmchen fangen wollte,
Erlosch sein Licht plötzlich. Und es entschwand.

Bisher nicht bekannt – und folglich in der wissenschaftlichen Briefausgabe (1988) von Walter Pape nicht enthalten – war der Dankesbrief von Joachim Ringelnatz an Asta Nielsen, unmittelbar nach der Rückkehr von Hiddensee vom 4. Juli 1929 geschrieben. Durch diesen erfährt man von der Gewitterangst Ringelnatzens, über seine Kontakte zum damaligen Vitter Hafenmeister und dass er über Hiddensee im Rundfunk gesprochen hat bzw. die Insel per Gedicht im Juli 1929 grüßte. Nach den Hiddenseer Wochen ist er zum Malen inspiriert und arbeitet weiter intensiv an seinem Seemannsstück *Die Flasche.*

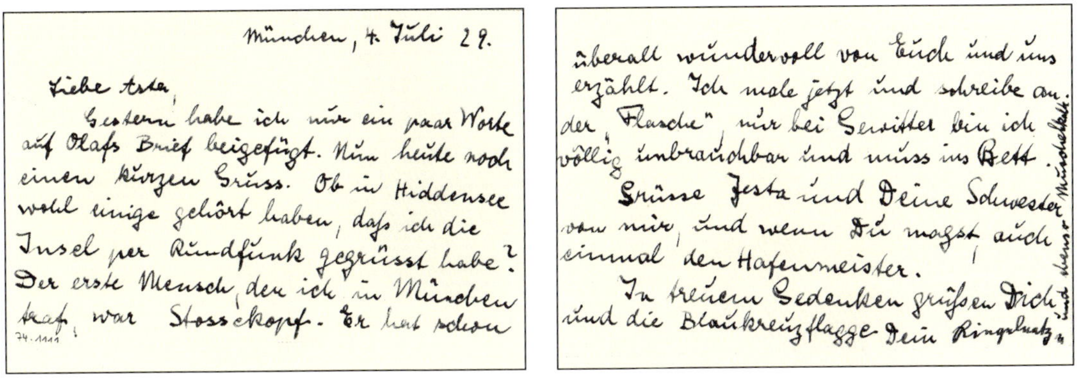

München, 4. Juli 29.

Liebe Asta,
Gestern habe ich nur ein paar Worte auf Olafs Brief beigefügt. Nun heute noch einen kurzen Gruss. Ob in Hiddensee wohl einige gehört haben, daß ich die Insel per Rundfunk gegrüsst habe? Der erste Mensch, den ich in München traf, war Stosskopf. Er hat schon

74.1111

überall wundervoll von Euch und uns erzählt. Ich male jetzt und schreibe an der „Flasche", nur bei Gewitter bin ich völlig unbrauchbar und muss ins Bett.
Grüsse Jesta und Deine Schwester von mir, und wenn Du magst auch einmal den Hafenmeister.
In treuen Gedenken grüßen Dich und die Blaukreuzflagge Dein Ringelnatz
und ebenso Muschelkalk

Brief von Joachim Ringelnatz an Asta Nielsen vom 4. Juli 1929
Deutsches Literaturarchiv Marbach

Unmittelbar nach den intensiven, freundschaftlichen Ferien auf Hiddensee nehmen Ringelnatz und Muschelkalk nun endlich den langersehnten Umzug nach Berlin aus München in Angriff. Sie wollten den wirklichen Freunden wie Asta Nielsen und Paul Wegener näher sein und flohen vor dem braunen Geist in der bayerischen Stadt.

Im Herbst 1929 ist die neue Wohnung im Berliner Neu-Westend am Sachsenplatz gemietet, am 28. Februar 1930 kann der Einzug gefeiert werden.

Sehnsucht nach Berlin

Berlin wird immer Berlin.
Humorgemüt ins Große.
Das wär mein Wunsch: es anzuziehn
Wie eine schöne Hose.

Und wär Berlin dann stets um mich
Auf meinen Wanderwegen.
Berlin, ich sehne mich in dich.
Ach komm mir doch entgegen!

Umzug nach Berlin

Nach Berlin, nach Berlin
Nach Berlin umzuziehn,
Aus der dümmsten Stadt der Welt –
Wie das lockt!! – Ich, verdumpft,
Ich, verstockt und verstumpft,
Habe endlich mich auf den Kopf gestellt.

Ach, wie schön ist's, im Frein
und im Hellen zu sein!
(...)
Mir ist wohl, mir ist weh –
So als ging ich in See –
Denn ich lasse auch Freunde zurück.
Doch ihr Freunde, folgt nach
Aus kleinpopliger Schmach
In den Großkampf um sauberes Glück.

Ringelnatz malt
Foto: Fritz Eschen

Nach Berlin!

Vertiefung der Freundschaft zwischen Asta Nielsen, Ringelnatz und Muschelkalk

Sie wohnen nun in einer schönen Atelierwohnung im vierten Stock am Sachsenplatz 12 (heute Brixplatz, zerstört, Gedenktafel) – in einem Haus mit Fahrstuhl und prominenten Nachbarn. Hier wohnten auch Boxweltmeister Max Schmeling und die Schauspielerin Anny Ondra, im Nachbarhaus der Komponist Paul Hindemith. Nachbarn waren auch der Schauspieler Willi Forst und der Filmemacher Veit Harlan die Anfang der 30er Jahre ebenfalls gern auf die Insel Hiddensee reisten. Ringelnatz ist glücklich. Seine Bilder muss er nun nicht mehr an einem alten Waschtisch mit geborstener Marmorplatte malen, er hat einen hellen Arbeitsplatz in einem großen Atelier, ist erstmals stolzer Besitzer eines eigenen Telefons mit zwei Dosen und das leidige Kohlenschleppen gehört nun auch der Vergangenheit an. Nachtigallen singen vor seinem Fenster, und er genießt ein häusliches Leben. Muschelkalk schreibt:

Ringelnatz kochte gern und gut. Wenn ich auf dem Heimweg vom Schulunterricht oder aus dem Büro um die Ecke bog, winkte er mir aus dem Dachfenster unserer Atelierwohnung bereits mit dem Küchentuch zu. Bis ich dann um zwei weitere Ecken gebogen war, den Fahrstuhl heruntergeholt hatte und hinaufgefahren war, erwartete mich Ringelnatz am fertig gedeckten Tisch vor dampfenden Schlüsseln. – Die Nächte wurden oft kurz, weil wir nach der Anspannung im Kabarett oder Theater meist noch mit Freunden in einem der zahlreichen Künstlerlokale zusammentrafen. Selbst in unserer Nachbarschaft gab es in einer Eckkneipe einen solchen Treffpunkt.

Das war die noch heute existierende WESTEND-KLAUSE, Ringelnatzens Stammkneipe („Auch haben wir das Glück in der Eckkneipe bei uns dann und wann ein paar gebildete und angenehme Menschen zu treffen …"). Eine Ecke in der urigen Berliner Kneipe erinnert mit Bildern und Zeitungsausschnitten an Ringelnatz und Muschelkalk.

In der WESTEND-KLAUSE
Foto: Rena Fritsch, 2013

Die WESTEND-KLAUSE wurde auch „Hunde-Bar" genannt, weil die Gassi-Geher hier ihr letztes Bier tranken; Ringelnatz führte hier seine unberechenbare Dackelhündin „Frau Lehmann" aus, die einmal – nach einem heftigen politischen Streit – den Schauspieler Heinrich George in die Wade biss. Zu den Neu-Westender Freunden gehören der finnische Gelehrte Professor Karl Tiander, der russische Schriftsteller Wladimir Brenner und der Kritiker Fred Hildenbrandt.

Mit guten Freunden heißt es das flirrende Berliner Nachtleben, u.a. in der PELTZER-Bar (Neue Wilhelmstraße, Treffpunkt von Diplomaten und Künstlern), im legendären ROMANISCHEN CAFÉ (Budapester Straße 10) oder in der Wirtsstube von Aenne Maenz zu genießen. Bei Schwanecke treffen sie den Schauspieler Conrad Veidt. Mit dem Flieger Ernst Udet, dem Fußballer Hanne Sobek und dem Schauspieler Hans Albers spielte Ringelnatz Skat. Weitere Berliner Wegbegleiter sind Karl Arnold, Rudolf Großmann, Emil Orlik, Else Lasker-Schüler, Tilla Durieux, Carl Einstein, George Grosz, Fred Dolbin, Otto Dix, Renée Sintenis und Ernst Rowohlt.

Die engsten, treuesten Freunde sind Paul Wegener und Asta Nielsen.

Muschelkalk erinnert sich:

In Berlin fühlten wir uns schnell heimisch. Die schon lang bestehende Freundschaft zu Asta Nielsen entwickelte sich zu einer innigen, menschlich, geistig und künstlerisch beschwingten Verbindung. Die festlichen Abende in Asta Nielsens schönem Heim gehören zu meinen reichsten Erinnerungen. (...) Wie immer war auch Astas Mann, der Russe Gregory Chmara „Grischa", dabei. (...) Ein andermal war Asta Nielsen zusammen mit Ernst Udet und anderen Freunden bei uns. Ernst Udet faltete aus Papier kleine Flugzeuge und ließ sie wie ein Taschenspieler durchs hohe Atelier schwirren. Asta war entzückt und Ringelnatz darüber wieder so begeistert, daß er als Ovation für sie ein Butterbrot hinter den kleinen Flugzeugen her an die Decke warf, wo es kleben blieb. Als es später einmal herunterfiel und einen großen Fettfleck hinterließ, kletterte Ringelnatz auf eine hohe Leiter und übermalte den Fleck mit einem von einem Pfeil durchbohrten, großen roten Herzen. Aus dem klaffenden Herzen troff der Name Asta Nielsens heraus. – Unter diesem Herzen habe ich gewohnt, bis ich nach dem Tode von Ringelnatz aus der Wohnung am Sachsenplatz ausziehen mußte.

Am 25. Januar 1933 schrieb Ringelnatz an Asta Nielsen:

Geliebte Asta,
Ich bin so reich beschenkt worden von Dir durch Deinen lieben und weichen Brief. Es war, als ob mich eine Freundeshand streichelte, und so möchte ich Dich jetzt wiederstreicheln. Wie schön ist es, wenn Menschen zueinander solche Worte finden und sie aussprechen oder schreiben. Du sagst mir ja viel zu viel Gutes über meine Gedichte, aber ich danke dir. Ich werde Deine Zeilen heute an Muschelkalk senden, damit sie Teil an meiner Freude nimmt, aber ich werde Deine Zeilen vorher küssen.
Mit den innigsten Wünschen für Dein Wohlergehen, verbleibe ich

Dein treuer Freund
Joachim Ringelnatz

In dieser Zeit, in der Ringelnatz und Muschelkalk endlich zu Hause angekommen scheinen, entstehen viele Ölgemälde und Aquarelle.

Einige wie *Fernes Grab* könnten mit dem Hiddensee-Meer-Erlebnis verbunden sein, viele deuten jedoch symbolhaft die existenziell beunruhigende politisch-wirtschaftliche Zeit an, z. B. *An der harten Kante* und *Flucht*. In seine Bilder wie in seine Verse kam nun ein deutlich düsterer Ton.

Ein Schiff 1931

Wir haben keinen günstigen Wind.
Indem wir die Richtung verlieren,
Wissen wir doch, wo wir sind.
Aber wir frieren.

Und die darüber erhaben sind,
Die sollten nicht allzuviel lachen.
Denn sie werden nicht lachen,
  wenn sie blind
Eines Morgens erwachen.

Das Schiff, auf dem ich heute bin,
Treibt jetzt in die uferlose,
in die offene See. – Fragt ihr: „Wohin?“
ich bin nur ein Matrose.

Aus: *Gedichte dreier Jahre*, 1932

Joachim Ringelnatz, *Fernes Grab*, Ölgemälde, 1933

Joachim Ringelnatz, *An der harten Kante*, Ölgemälde, 1933

Joachim Ringelnatz, *Flucht*, Ölgemälde, 1933

Ein letztes, sehr glückliches Erlebnis war für Ringelnatz die Feier zu seinem 50. Geburtstag am 7. August 1933 im Hotel Kaiserhof und die Ehrungen, die Ringelnatz zuteil wurden. Die Feier hatten Asta Nielsen, Paul Wegener und sein Verleger Ernst Rowohlt organisiert.

Ernst Rowohlt, Asta Nielsen, Grigori Chmara, Joachim Ringelnatz, Jesta Nielsen und Muschelkalk (v.l.n.r.)

Mit Ringelnatz' Bühnenkarriere war es allerdings fast vorbei. Die Nationalsozialisten hatten aufgrund der am 28. Februar 1933 erlassenen *Verordnung zum Schutz von Volk und Staat zur Abwehr kommunistischer staatsgefährdender Gewaltakte* seine Auftritte in Dresden, München und Hamburg verboten, er wurde trotz vereinbarter Gastspiele in diesen Städten von der Bühne geholt. Zu undeutsch und subversiv waren seine *Turngedichte* und die *Kuttel-Verse.*

Die meisten seiner Bücher brennen auch auf den Scheiterhaufen der Bücherverbrennungen. Trotz der nationalsozialistischen Zensurmaßnahmen erscheint aber noch die Auswahlausgabe *103 Gedichte*, die er Asta Nielsen widmete. Da die Bühnenauftritte die wichtigste Einnahmequelle für ihn und Muschelkalk waren, ist dem Ehepaar nun jegliche Lebensgrundlage entzogen und sie verarmen rasch. Nach Schwierigkeiten, einen Pass zu erhalten, kann Ringelnatz im Februar 1934 noch Gastspiele in der Schweiz, u.a. in Basel und Zürich geben.

An Asta Nielsen (17. Januar 1934)

Einen Gruß aus der Taverne
Aus der Ferne. Ach wie gerne
Wären wir bei dir.
Grüße die, die dich umgeben.
Lebe froh ein freies Leben. Und gedenke mir.

Ringelnatz und Asta Nielsen verbindet, dass sie konsequent die Nazis ablehnen. Asta Nielsen wurde von Goebbels und Hitler persönlich ho-

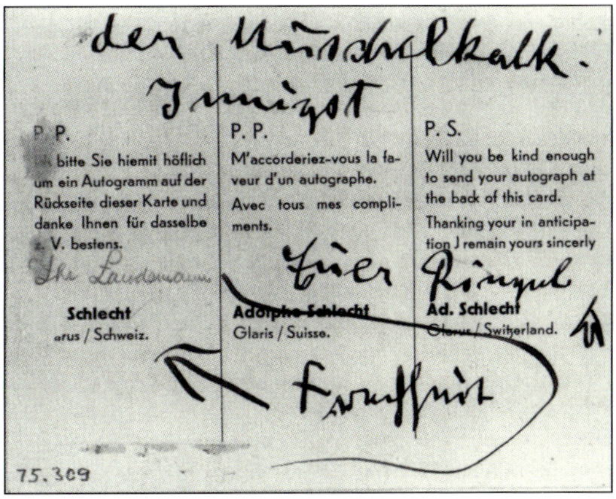

fiert, wie sie es in den Lebenserinnerungen beschreibt, sie sollte sogar eine eigene Produktionsfirma bekommen. Aber sie hat nicht – wie der nahe Freund Heinrich George – mit den Nazimachthabern kooperiert und sich arrangiert.

Ringelnatz tröstet sie mit den Worten:
Kalk hat mir von Deinem Verdruß erzählt (…) O dies abscheuliche Geschmeiß, was aus Sadismus und Borniertheit nun Dich belästigt, lass dirs nicht zu nahe gehen.“

Der Dichter hat Asta tief verehrt, sie ist ihm in seinem letzten Lebensjahr die wichtigste Freundin und – neben Muschelkalk – der vertrauteste Mensch. Vielleicht war auf seiner Seite auch mehr Gefühl für sie im Spiel?

Karikatur von Olav Iversen: *Pfingstspaziergang der Prominenten* in: Leipziger Neueste Nachrichten 15./16.5.1932

Am linken Tisch sitzt C.F. Goerdeler, zu dieser Zeit Reichskommisar für Preisüberwachung und später führender Kopf des Widerstands gegen Hitler. Neben ihm mit grämlichem Blicke Asta Nielsen und der ebenfalls düster dreinblickende Matrose Ringelnatz vor einer Whiskyflasche mit fünf Gläsern. Alle drei sind entschiedende Gegner der Nationalsozialisten, dem Nazi Hugenberg den Rücken kehrend.

An Asta Nielsen (11. Februar 1934)

Du dort, ich hier.
Ich hier, du dort.

So reisen wir
Vonander fort.

Wann kommen wir zusammen
Verliebt, wie wilde Flammen?

Du siehst die Sehnsucht heiß und tief
Diktiert mir diesen Liebesbrief.
(Erzähle nichts an Muschel!)
Sonst gäbe das am Sachsenplatz
Über das Thema „Ringelnatz"
Ein fürchterlich Getuschel.

Sei mir gegrüßt und bleibe hold
Gesinnt dem alten Trunkenbold,
Dem Menschen und dem Dichter.
Denn überall und jederzeit
Verlöschen nachts bei Dunkelheit
Die meisten Lichter.

Im März 1934 schreibt er an den engen Freund Hans Siemsen:
Ja, Lieber, wie werden immer einsamer. Seit auch Asta fort ist, entstand für uns eine große Lücke, die von lauter Löchern eingerahmt ist …

Bei seinen letzten Auftritten erlebt er einen körperlichen Zusammenbruch. Es scheint – bei der existenziell und politisch bedrohlichen Lage – kein Zufall zu sein, dass Ringelnatz ausgerechnet jetzt schwer an Tuberkulose erkrankte.

Der mittellose Dichter kann sich keinen teuren Sanatoriumsaufenthalt leisten, die Freunde starten – ohne sein Wissen – an seinem Geburtstag am 7. August 1934 mehrere öffentliche Aufrufe.

Im *Berliner Tageblatt* erscheint der

Appell für Ringelnatz

Da schon in den letzten Monaten vor der Erkrankung die Einnahmen aus seinem Schaffen gering waren, müssen wir um die Hilfe seiner Freunde bitten. Die bisherigen Hilfsquellen sind erschöpft. Wenn man eine Heilung ermöglichen will, müssen noch für viele Monate die Geldbeträge für die Behandlung und seinen Aufenthalt im Krankenhaus aufgebracht werden. Im vorigen Jahre haben wir mit Artikeln, Reden und Pilsener den jungen Fünfziger gepriesen ... Ringelnatz liebt die Einsamkeit mit sich: auf einer Landstraße, auf einem Kahn, in stillen Schenken oder daheim am Sachsenplatz. Gegen die Einsamkeit aber im Hospital wehren wir uns. Er ist krank und ohne Geld, und wir müssen nun stumm gegebene Versprechen halten. Wir müssen an die Stunden denken, in denen er mit uns zusammensaß, als wären wir es wert gewesen ... es geht ja um Himmels willen nicht um Scherflein und Almosen. Er investierte Kapital in uns, und nun der Zins fällig wird, gilt es zu zahlen: Sonderkonto Ringelnatz ... Allesamt müssen wir besorgt sein, den kleinen Mann mit dem großen Kopf, der wie ein bunter Kinderluftballon so besinnlich auf dem dünnen Hals schaukelt, so schnell wie möglich gesund zu wissen. Ringelnatz liebt den jungen Hölderlin: „Ich bin des täglich gewisser, daß Lieb und Freundschaft die Fittiche sind, auf denen wir jedes Ziel erzwingen." Ein jeder sehe zu, wie er dem Gebot treu und soweit, wie es ihm möglich erscheint, Genüge tue. Es geht in diesen Tagen und in diesem Falle darum, mit tätigem Anteil einem deutschen Dichter zu bezeugen, wie lieb wir ihn haben.

Erst drei Wochen vor seinem Tode erfuhr Ringel von diesem Aufruf und war tief berührt.

Im April 1934 begann Ringelnatz plötzlich an einem neuen Roman zu schreiben. Die ersten vier Kapitel entstanden noch zu Hause, er arbeite grad mit innerem Feuer und kalter Pfirsichbowle am fünften Kapitel – wie Muschelkalk berichtete –, als er ins Krankenhaus eingeliefert werden muss.

Auch dieser letzte, unvollendete Roman, der im Nachlassband 1935 veröffentlicht wurde, ist eine Reverenz an Asta Nielsen. In der Figur der Wera Swanen, einer berühmten Schauspielerin, wird sie hier lebendig.

Seit Anfang Juni 1934 liegt er in der Frauenabteilung der Lungenheilstätte Beetz-Sommerfeld. Er ist schon stark abgemagert, aber seinen Humor hat er noch nicht verloren.

Einen der ersten Briefe schreibt er an Asta Nielsen:

Sommerfeld, 9. Juni 1934

Geliebteste Asta,
Mein Zimmer hier führt mit seinen fast immer offenen Türen auf eine lange, nach rechts und links gehende offene Veranda. Hier liegen Hunderte der schönsten Frauen. Ich bin in der Frauen-Abteilung und bin dort der einzige Mann. Du kannst Dir denken, was das für Arbeit erfordert! Ist es da ein Wunder, wenn ich nur 103 Pfunde wiege? Was aber, liebe Asta, wird auf dieser Veranda geschehen, wenn ich morgen in Deinem morgenprinzlichen Pyjama erscheine?! Nein, dieser Pyjama ist wirklich bezaubernd. Ich wollte bloss, Du hättest Deine Beine darin gelassen, obwohl mir auch Dein Oberkörper sympathisch ist. Aber Du schenkst ja immer ganz besonders schöne Sachen … Muschelkalk sitzt augenblicklich neben mir auf der Veranda … Unser Herz ist voll Liebe zu Dir. Ich danke Dir dafür, daß Du, als Du hörtest, ich wäre ernster krank, sofort ein Schiff zur Hilfe losbinden wolltest.

Sei geküsst von Deinem
Joachim Ringelnatz u. Muschelkalk

Sommerfeld, 11. Juni 1934

Ja, gute Asta,
nun durfte ich noch in Deinem herrlichen Schwarzrot einen so schönen Brief von Dir lesen. (…) Du könntest Strassen fegen und würdest auch das tun wie eine Künstlerin erster Klasse. Ich bin leider so sehr schwach und dadurch so faul.
Sei bedankt. Bei Dir ist so viel öfter als Du ahnst

Dein Ringel

Sommerfeld, 15. August 1934

An Asta Nielsen (Postkarte)
Ach du geliebter Himmelsfrosch. Ich brauche nur an Dich zu denken, um froh zu werden.
Alle guten Wünsche für Dich hat dein getreuer

Ringel

17. X. 34.

Liebste Asta,

Herzlichen Dank für die geliehenen 50.- M, die ich Dir hiermit zurückgebe.

Dein Besuch war vielleicht anstrengend, aber sehr belebend für den Kranken. Wie ich höre, hast Du ihn sehr frisch gefunden. Leider täuscht das. Der Arzt sagte mir gestern Abend, es handele sich nur noch um Wochen.

Heute Mittag haben wir Deinen Sekt getrunken. Darüber erzähle ich Dir noch gelegentlich. Deine Schokolade isst er auch. Sie ist so besonders gut.

Ich kann jetzt nicht viel schreiben. Aber ich hoffe, Dir später mal erzählen zu können, wie sehr Deine Persönlichkeit [abgesehen von aller Freundschaft] sein künstlerisches Schaffen beeinflußt hat.

Hier oben bei uns ist seit 3 Wochen ein trauriges Idyll. Alles ist schön und harmonisch, — aber hoffnungslos. Aber selbst in dieser Lage ist hier unsere Zweisamkeit so schön, daß es mir fast leid tut, daß ab Montag eine liebe und willkommene Krankenschwester uns stört.

Sei innig gegrüßt

von Ringel

und Muschel

Brief von Muschelkalk an Asta Nielsen vom 17.10.1934

„… Dein Besuch war vielleicht anstrengend, aber sehr belebend für den Kranken. (…) ich hoffe, Dir später mal erzählen zu können, wie sehr Deine Persönlichkeit (abgesehen von aller Freundschaft) sein künstlerisches Schaffen beeinflußt hat.“

Ringelnatz ist unheilbar krank. Muschelkalk holt ihn Anfang September zurück in die Wohnung am Sachsenplatz, wo er zwei Monate später sterben wird.

Kurz vor seinem Tod, das nahe Ende wohl doch noch nicht ahnend, schrieb Asta Nielsen dem kranken Freund und seiner Frau einen Brief. Zu dieser Zeit steht sie allabendlich auf einer Berliner Bühne und muss den Tod schauspielerisch gestalten.

2. November 1934

Liebster Ringel und Muschel,
Ich sitze in meiner Garderobe nach der ersten Nachmittagsvorstellung und denke an Euch. Und sehne mich nach Euch! Ich habe in Mangel an Eure Besuche eine Bonbon-Schale auf die Bühne bringen lassen (ein Requisit, das ich brauche), Eure Schachtel: ein großes rotes Herz, daß Ihr mir einmal zu Weihnachten, mit Seidenstrümpfen darin, geschenkt habt. Dieses Herz wird mir nun jeden Tag zweimal auf die Bühne gebracht werden, und so habe ich Euch doch bei mir den ganzen Monat. – Alle guten Wünsche, alle lieben Gedanken, sende ich nach dem Sachsenplatz.
Ein großer Premierekuß von Eurer

Asta

Am 17. November 1934 starb Ringelnatz mit 51 Jahren in den frühen Morgenstunden. Muschelkalk, „seine Liebste auf Erden“, hielt ihm bis zuletzt die Hand.

Die zwei Tage nach seinem Tod verbrachte Muschelkalk bei Asta Nielsen, ehe Ringelnatz am 20. November auf dem Waldfriedhof Heerstraße in Berlin beerdigt wurde.

Berliner Tageblatt 21.11. 1934

Wir haben gestern einen deutschen Dichter zu Grabe getragen, einen, der seine Lieder noch selber sang, die lustigen und die nachdenklichen, den verschmitzten Matrosen Kuttel Daddeldu, den Seefahrer und Stubenhocker, den Schelm und Weisen, Joachim Ringelnatz. Über seinem Sarge klangen in den Orgelklängen der Trauerhalle des Westender Friedhofes alte Seemannsweisen mit, und am Grabe des Dichters sprach Paul Wegener Abschiedsworte ... Er gedachte des Mannes, der in allen Stürmen und Wettern ein Kind geblieben ist, das spielend die Wunder der Welt anschaut, des großen Freundes der kleinen Dinge, des unbeirrten Liebenden.

Asta Nielsen legte weiße Lilien auf sein Grab. Die Platte ist aus Muschelkalk. – Am Ende der Trauerfeier rezitierte Paul Wegener ein Gedicht von Ringelnatz, das dieser für seine Frau bereits in den 20er Jahren geschrieben hatte.

An M.

Der du meine Wege mit mir gehst,
Jede Laune meiner Wimper spürst,
Meine Schlechtigkeiten duldest und verstehst —,
Weißt Du wohl, wie heiß du oft mich rührst?

Wenn ich tot bin, darfst Du gar nicht trauern,
Meine Liebe wird mich überdauern
Und in fremden Kleidern dir begegnen
Und dich segnen.

Lebe, lache gut!
Mache deine Sache gut!

Ringelnatz mit Ehefrau Muschelkalk in der Berliner Wohnung

Im Zimmer der oberen Etage des KARUSEL, in dem Ringelnatz und Muschelkalk während der Hiddenseer Ferien wohnten, ist nach der Haussanierung 2015 das Trauzimmer von Hiddensee neu eingerichtet, in dem jeden Mittwoch bis zu vier Ehen geschlossen werden. – Im Hochzeitsgedicht, das Ringelnatz für Lona Pieper 1920 schrieb, findet sich am Schluss eine der schönsten Selbstcharakterisierungen von Ringelnatz und ein Liebesbekenntnis an seine Muschelkalk:

Ansprache eines Fremden an eine Geschminkte vor dem Wilberforcemonument

Guten Abend, schöne Unbekannte! Es ist nachts halb zehn.
Würden Sie liebenswürdigerweise mit mir schlafen gehn?
Wer ich bin? – Sie meinen, wie ich heiße?
Liebes Kind, ich werde Sie belügen,
Denn ich schenke dir drei Pfund.
Denn ich küsse niemals auf den Mund.
(...)

Ich bin etwas schief ins Leben gebaut.
Wo mir alles rätselvoll ist und fremd,

Da wohnt meine Mutter – Quatsch! Ich bitte dich: Sei recht laut!
Ich bin eine alte Kommode.
Oft mit Tinte oder Rotwein begossen;
Manchmal mit Fußtritten geschlossen.
Der wird kichern, der nach meinem Tode
Mein Geheimfach entdeckt. –
Ach Kind, wenn Du ahntest, wie Kunitzburger Eierkuchen schmeckt!

Das ist nun kein richtiger Scherz.
Ich bin auch nicht richtig froh.
Ich habe auch kein richtiges Herz.
Ich bin nur ein kleiner, unanständiger Schalk.
Mein richtiges Herz. Das ist anderwärts, irgendwo
Im Muschelkalk.

Im August 1936 schrieb Asta Nielsen auf Hiddensee, wo sie sieben Jahre vorher so herrliche Wochen mit Ringelnatz genoss, an Muschelkalk:

„... Ich habe versucht etwas zu schreiben, aber es ist mir ganz unmöglich, etwas Brauchbares zu präsentieren. Ich kann nicht in die Stimmung kommen, die nötig ist, um etwas zu schreiben, was nicht von dem Verlust gefärbt ist ...“

Und kurz darauf, am 6. September 1936:

„... Alles ist mir zu schmerzlich nahe; ich werde bestimmt nie weiter kommen, etwas in der Welt ist für mich leer geworden und wird nie ausgefüllt werden. Ringelnatz' Kunst und Person bedeutete für mich ein Teil meiner eigenen Kunst und eigenem Leben, unterstützte und flammte auf. Und diese Flamme ist jetzt ein Grab geworden, so viel, daß ich noch nicht so weit bin, mich an seiner hinterlassenen herrlichen Kunst zu stärken.“

Im Oktober 1936 verlässt sie den geliebten Sommersitz auf Hiddensee und wird nie wieder zurückkehren.
Die neue politische Machtströmung hatte nun auch die stille Insel erreicht und Asta Nielsen ein weiteres Hier-Sein unerträglich gemacht.

Sie konstatierte:

„Aber ach, bald hatten wir 1933, und die Stimmung wandelte sich. Die dunkelhaarigen, intellektuellen Künstlertypen wurden von kräftigen blonden Männern und breithüftigen Frauen mit Gretchenfrisur abgelöst. Die stampften großspurig und laut über Felder und Wege und lachten schallend und herausfordernd.
Kleine Jungen in braunen Hemden marschierten gruppenweise über die Insel, erhitzt und überanstrengt vom strammen Trampeln in der Sonnenglut. Es geschah, dass einer oder der andere ohnmächtig umfiel. Musste das so sein? Auf! Übung macht den Meister! Man holte ein Glas Wasser, und der Marsch wurde fortgesetzt … Dampfer legten an und spien ihren Inhalt an „Kraft durch Freude" Fahrgästen über die Wiesen, wo einige von ihnen in ungezwungener Unbefangenheit ihre Schäferstündchen abhielten.
Die neue Zeit hatte von der Insel Besitz ergriffen. ***Ich*** *hatte dort nichts mehr zu suchen."*

Viele Jahre später – Asta Nielsen hatte diese so lesenswerten und anschaulichen, unter dem Titel *Die schweigende Muse* erschienenen Lebenserinnerungen niedergeschrieben – beginnt Asta Nielsen journalistisch zu arbeiten und ca. 50 Novellen in dänischer Sprache zu schreiben.

Diese schriftstellerische Tätigkeit des Stummfilmstars ist bis heute wenig bekannt. Nur eine kleine Auswahl ihrer Novellen ist übersetzt und wurde 1996 vom Ullstein Verlag unter dem Titel *Ein Tag im Paradies* herausgegeben.

Eine Novelle ist explizit ihrem wichtigen Lebensfreund Joachim Ringelnatz gewidmet, beschreibt ihn als einen echten Bohemien, der mit Muschelkalk und Freunden und einem Kunstprofessor ein ausschweifendes Künstlerfest in München feiert.

Einband der deutschen Erstausgabe Asta Nielsen: *Ein Tag im Paradies* Herausgegeben, übersetzt und mit einem Nachwort versehen von Allan O. Hagedorff, 1996

Asta Nielsen: La Bohème

Es geht vielmehr um Bobby Ringelke, der in seinem Land als großer Dichter gefeiert wurde, ehe die Nazis die Macht ergriffen. Er war aber nicht nur ein genialer Schriftsteller, sondern auch ein sehr beliebter Kabarettkünstler und in einem engeren Kreis sogar als Maler anerkannt, und er galt überall und ohne Vorbehalt als richtiger Bohèmien. Er stammte aus guter Familie, was ihn aber nicht weiter bedrückte, denn niemand hätte ihm etwas Derartiges unterstellt …

Nun entspinnt sich eine turbulente Geschichte um ein rauschendes feuchtfröhliches Künstlerfest in Ringelnatzens Münchener Wohnung, die mit viel Humor und Situationskomik beschrieben wurde und den Dichter sicher erfreut hätte, wenn er sie noch hätte lesen können.

Noch am 7. September 1971 schrieb Muschelkalk an die 88-jährige Asta Nielsen:

Geliebte Asta,
Du stehst unauslöschlich allgegenwärtig in meinem Gedächnis. Immer wenn ich an Ringelnatz denke, und das geschieht natürlich oft, stehst Du und steht Paul Wegener neben ihm vor mir. ...
Daß um Ringelnatz herum, und nachher auch um Gescher, außer Euch beiden stets ein guter Freundeskreis und ein Kreis künstlerischer und geistig interessierter Menschen stand, das hast Du ja miterlebt, und Du weißt deshalb, wie gut es um meinen Altersfrieden bestellt ist.
In diesem Sinne grüße ich Dich in alter Liebe Muschelkalk

Joachim Ringelnatz und Asta Nielsen verband eine tiefe, kongeniale Seelenfreundschaft, die beide künstlerisch beflügelte und durch ähnliche Lebenswerte und politische Haltungen geprägt war. Ein gemeinsames Lachen und die Heiterkeit der herrlichen Hiddenseer Wochen vertiefte sie. Vielleicht gab es im letzten Lebensjahr von Ringelnatz – liest man alle seine Gedichte und Briefe an sie – auch eine Sehnsucht nach etwas mehr, die aber ungelebt blieb. In seinen *Notizen* zum *Letzten Roman* merkte er zur Konzeption der Geschichte der Wera Swanen (deren Vorbild Asta Nielsen war) und der männlichen Hauptfigur Ment an:

Die Liebesgeschichte Wera=Ment im Sanatorium wird von einem Dritten spät erzählt. Über dem Ganzen: Alte Bäume kommen nicht mehr zusammen.

In ihren Lebenserinnerungen schrieb Asta Nielsen die schönen Zeilen:

Als Künstler ein Genie, war Ringelnatz als Mensch unfertig, gegensätzlich, aber völlig unsentimental. ... sein Geschmack so primitiv, dass man oft an seiner Echtheit zweifelte. Aber wir liebten ihn über alle Maßen.

Quellen und Literaturverzeichnis

Quellen

Briefe Ringelnatz an Asta Nielsen, Muschelkalk an Asta Nielsen, Bestände HS 003290871, HS003290432, HSS002567730 u. a. (Deutsches Literaturarchiv Marbach)

Aufzeichnungen von Heinrich Berg (Hiddenseer Lehrer): Prominente Gäste auf Hiddensee (Heimatarchiv Hiddensee)

Tagebuch von Helene Herveling-Bockenheuser (1925–1939), unveröffentlicht

Tagebuch von Asta Nielsen: aufgespürt, übersetzt und in Auszügen erstmals herausgegeben von Renate Seydel in: „... gelebt für alle Zeiten. Schauspieler über sich und andere" (1975)

Ich bedanke mich ausdrücklich bei Frau Renate Seydel (Vitte, Berlin) für die Genehmigung des Abdrucks dieser Tagebuchauszüge.

Lebenserinnerungen von Asta Nielsen:

Asta Nielsen (Hrsg. Renate Seydel): Den tiende Muse 1945/46 – Die schweigende Muse (Henschelverlag 1977)

Asta Nielsen. Ein Leben in Fotodokumenten, Selbstzeugnissen und zeitgenössischen Betrachtungen (Hrsg. von Renate Seydel und Allan Hagedorff, 1981)

Asta Nielsen: La Boheme (Novelle) in: Ein Tag im Paradies (1996)

Asta Nielsen: Briefe an Elisabeth von Blücher (1931–1937), unveröffentlicht

Erstausgaben der Gedichte von Joachim Ringelnatz:

- Ringelnatz, Joachim: Reisebriefe eines Artisten (1927)
- Ringelnatz, Joachim: Allerdings (1928)
- Ringelnatz, Joachim: Flugzeuggedanken (1929)
- Ringelnatz, Joachim: Kinder-Verwirr-Buch (1931)
- Ringelnatz, Joachim: Gedichte dreier Jahre (1932)
- Ringelnatz Joachim: Die Flasche und mit ihr auf Reisen (1932)
- Ringelnatz, Joachim: 103 Gedichte (Auswahlband, 1933)
- Ringelnatz, Joachim: Gedichte, Gedichte von Einstmals und Heute (1934)
- Der Nachlaß von Joachim Ringelnatz (1935)

Walter Pape, (Hrsg.): Das Gesamtwerk in sieben Bänden (1994)

Walter Pape, (Hrsg.): Joachim Ringelnatz, Briefe (Henssel 1988)

Joachim Ringelnatz: Sämtliche Gedichte, Diogenes (2005)

Muschelkalk Ringelnatz (Hrsg.): Reisebriefe an M. (1964)

Muschelkalk Ringelnatz (Hrsg.): Kunterbunte Nachrichten – Briefe aus Berlin von Joachim Ringelnatz (2011)

Sekundärliteratur

Bajohr, Frank: „Unser Hotel ist judenfrei": Bäder-Antisemitismus im 19. und 20. Jahrhundert (2003)

Bemmann, Helga: Joachim Ringelnatz: Leben und Werk des Dichters, Malers und Artisten (1996)

Faust, Manfred: Hiddensee. Die Geschichte einer Insel (2. Aufl., 2005)

Heißerer, Dirk (Hrsg.): Erich Ebermayer: Eh ich's vergesse ... Erinnerungen an Gerhart Hauptmann, Thomas Mann ... (2005)
Hildenbrand, Fred: ... Ich soll dich grüssen von Berlin, 1922–1932 (1975)
Jung, Sabine (Hrsg.): Die Frauen um Ringelnatz (Ausstellungskatalog, 2013)
Jürgensohn, Arved: Hiddensee – Das Capri von Pommern. Ein Reiseführer und Erinnerungsband. Reprint der Auflage von 1924 (1997)
Kettelhake, Silke: Renée Sintenis. Berlin, Boheme und Ringelnatz (2010)
Lehmann, Henni: Der Feldherr ohne Heer (1928)
Lohmeyer, Walter Gottfried: Das Otto-Gebühr-Buch (1927)
Möbus, Frank, Schmidt-Möbus, Friedrike und Woesthoff, Frank (Hrsg.): Joachim Ringelnatz, reisender Artist, Prinzenstraße, Heft 12 (2001)
Möbus, Frank (Hrsg.): Nach Berlin, nach Berlin, nach Berlin! Gedichte, Prosa und Dokumente aus der Berliner Zeit (2010)
Möbus, Frank (Hrsg.) In Memoriam Joachim Ringelnatz (Nachdruck der Ausgabe von 1937 – Privatdruck von Muschelkalk (2011)
Möbus, Frank, Schmidt-Möbus, Friederike, Woesthoff, Frank und Indina (Hrsg.): Ringelnatz! Ein Dichter malt seine Welt! (2002)
Negendanck, Ruth: Hiddensee. Die besondere Insel für Künstler (2005)
TEXT+KRITIK Nr. 148 (Hrsg. Heinz Arnold): Joachim Ringelnatz (2000)
Schmidtbonn, Wilhelm: Die unerschrockene Insel - Sommerbuch aus Hiddensee (1925)
Seydel, Renate (Hrsg.): Asta Nielsen – Ein Leben zwischen Kopenhagen, Berlin und Hiddensee (2011)
Seydel, Renate (Hrsg.): Hiddensee. Geschichte von Land und Leuten (2005)
Wolter, Stefan: Zukunft durch Tradition. Medizinischhistorischer Spaziergang im 100. Jahr des Bestehens der Sana Kliniken Sommerfeld (2014)
Wolff, Margot: Aus meiner Kinder- und Jugendzeit auf Hiddensee 1944–1957 (2008)
Zivier, Georg: Das Romanische Café (1965)
Zuckmayer, Carl: Als wär's ein Stück von mir, Frankfurt/M. (1969)

In blauer Farbe gesetzte Gedichte und Texte stammen von Joachim Ringelnatz.

Bildnachweis

Altonaer Museum Hamburg (S. 35 re o., S. 54)
Bayerische Staatsgemäldesammlungen München (S. 61)
Deutsches Literaturarchiv Marbach (S. 19, S. 127, S. 137)
Germanisches Nationalmuseum Nürnberg (S. 48)
Heimatarchiv Hiddensee (S. 25 li, S. 38 o.li, S. 52 u.)
Kunsthaus Zürich (S. 131 o.)
Kulturgeschichtliches Museum Wurzen mit Ringelnatz-Sammlung (S. 15)
Monacensia München (S. 69)
Ringelnatz-Museum Cuxhaven (Dauerleihgabe aus Privatbesitz S. 71)
Stiftung Deutsche Kinamathek Berlin (S. 39 o.)
ullsteinbild Berlin (S. 39 u., S. 42 o.und u., S. 46, S. 113r.)

Universitätsbibliothek Frankfurt/Main (S. 65)
Verlag JENA 1800, Berlin (S. 32, S. 64, S. 77)
VG Bild-Kunst Bonn (S. 36, S. 98/99)
aus: Das Otto-Gebühr-Buch (S. 40 u. S. 42)
aus: Joachim Ringelnatz: ...liner Roma..., 1924 (S. 29)
aus: Der Nachlaß von Joachim Ringelnatz, 1935 (S. 35 o. li, S. 131 u.)
aus: Frank Möbus (Hrsg.): Ringelnatz! Ein Dichter malt seine Welt (S. 24 u., S. 37, S. 53, S. 60 S. 66, S. 125)
aus: Frank Möbus (Hrsg.): Joachim Ringelnatz, reisender Artist (S. 8, S. 14, S. 30)
aus: Georg Zivier: Das Romanische Café (S. 26 li. u.)
Ackermann, Käthe, Leipzig (S. 91 o., S. 111 o.)
Arendt, Andreas, Kloster (S. 23, S.85)
Böllstorf, Marco, Berlin (S. 59, S. 70)
Ebel, Max, Die beiden bekanntesten Fotos von Ringelnatz und Asta Nielsen (in der Badekabine S. 77r. und am Korbtisch vorm Karusel S. 114) können hier leider nur noch verfremdet gezeigt werden wegen bisher ungeklärter Urheber- und Nutzungsrechte.)
Ehrt, Rainer, Kleinmachnow (S. 58)
Eichardt, Gisela, Berlin (S. 72)
Fritsch, Anne-Sophie, Jena: (S.106)
Fritsch, Rena, Jena (S. 2, S. 7, S. 8, S. 126 u., S. 129)
Fritsch, Ute, Berlin/Vitte (S. 5, S. 10 o., S. 21 oben, S. 23 o./u., S. 25, S. 26 o. li, S. 27, S. 28, S. 31 o. re, S. 36 u., S. 38 o. re, S. 44 li, S. 68, S. 76 u., S. 80, S. 119, S. 126 o., S. 141)
Gescher-Ringelnatz, Norbert, Berlin (S. 53 l.)
Glocker, Antje, Vöcklabruck, Österreich (S. 4)
Gohlke, Danny, Rostock/Vitte: (S. 21, S. 93, S. 94, S. 95)
Gustav, Eggert Nachlass – Rechte bei T. Gustavs, Dresden (S. 45)
Hartmann, Matthias, Berlin (S. 59 o.)
Hertel, Katharina, Weimar (S. 26o.re, S. 32 u., S. 34 li, S. 63 u., S. 66, S. 67, S. 126, Zeichnungen S. 13, S. 66 u. S. 130 und Bildmontagen S. 77 und S. 114)
Hoffmann de Vere, Harald, Berlin (S. 55)
Kalbitz, Manja, bei Kehl am Rhein (S. 84, S. 91)
Klatt, Albert – Nachlass, privat (S. 51)
Koch, Hans-Hilmar, Schwerin (S. 62)
Jaschen, Dagmar, Bestensee (S. 63 re.)
Müller, Felicitas und Jörg, Hamm (S. 75)
Ott, Robert, Vitte (Autorenfoto auf der Umschlagklappe)
Prechtl, Michael Mathias (S. 10 u.)
Privatbesitz Norderende Vitte (S. 6, S. 34 o., S. 79 u., S. 93 l., S. 94 l., S. 99r., S. 100, S. 101, S. 102, S. 104)
Schütt, Johannes, Kleinmachnow (S. 63 o., S. 81/82/83, S. 86 o., S. 87 u., S. 88 u.)
Seydel, Renate, Berlin/Vitte (S. 18, S. 76 o., S. 78, S. 79 o., S. 111, S. 112)
Sultan, Susanne, Berlin (S. 22, S. 123)
Trier, Walter, Nachlass (S. 9, S. 113 o.)
Wolff, Margot, Berlin (S. 86, S. 87, S. 90, S. 92)

MONTAG

POETISCHER INSELNORDEN

LITERARISCHER NEUENDORF-SPAZIERGANG

DIENSTAG

AUF DEN SPUREN DER KÜNSTLER DURCH VITTE

ICH HABE DICH SO LIEB

DIE SCHÖNSTEN LIEBESGEDICHTE VON MASCHA KALÉKO & J. RINGELNATZ

DONNERSTAG

Ute Fritsch

LITERARISCHES HIDDENSEE

Auf den Spuren der Dichter

Ute Fritsch

LITERARISCHES HIDDENSEE

ca. 204 Seiten, mehr als 130 farbige Abbildungen

Klappenbroschur ca. 24,95 €

ISBN 978-3-931911-20-1

in Vorbereitung

DONNERSTAG

13.30 UHR

JEDEN DONNERSTAG

LUSTIGER RINGELNATZ-ASTA NIELSEN-SPAZIERGANG

FREITAG

LITERARISCHER SPAZIERGANG:

AUF DEN SPUREN DER KÜNSTLER DURCH KLOSTER

SAMSTAG

VITTE

NEUENDORF

KINDER-STRANDLESUNG

LITERARISCHE SPAZIERGÄNGE UND LESUNGEN

~ Seit 2003 ~

VON JULI BIS SEPTEMBER

MIT AUTORIN & VERLEGERIN UTE FRITSCH

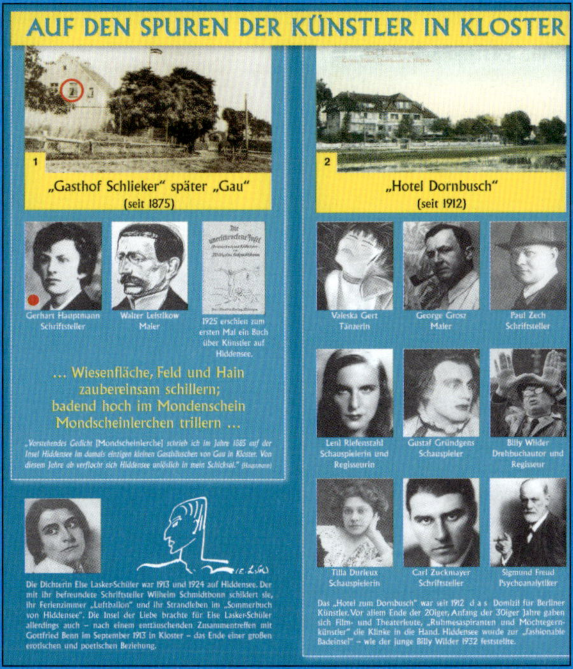

Ute Fritsch

KÜNSTLERKARTE HIDDENSEE

wer wo logierte, schrieb, malte, musizierte, liebte und badete

ISBN 978-3-931911-25-6
3. veränd. und erweit. Auflage,
7,80 €

Künstler-Postkartengrüße von der Insel

je Postkarte: 1,– €, im 10er Set 8,50 €

1 Mascha Kaléko
2 Joachim Ringelnatz
3 Asta Nielsen
4 Gerhart Hauptmann
5 Badekarte
6 Albert Einstein
7 Anna u. Sigmund Freud
8 Thomas Mann
9 Lietzenburg u. Kruses
10 Palucca
11 Künstlerinsel Hiddensee (1,80 €)

Impressum

Wörther Straße 17, 10405 Berlin
Tel.: 030-44 05 02 22 und 0170-4 12 52 77
E-Mail: verlag@jena1800.de
www.jena1800.de

Autorin und Bildauswahl
Ute Fritsch (Berlin/Hiddensee)

Lektorat
Thomas Döring (Berlin)
Alexander König (Sonneberg)
Axel Walter (Jena)

Korrektorat
Thomas Döring (Berlin)

Gestaltung und Satz
Katharina Hertel (Weimar)

Umschlaglayout
Claudia Zeissig (Berlin)

2. überarbeitete Auflage, August 2015

Printed in EU

Das Buch beruht im Mittelteil auf der seit 2009 auf Hiddensee angebotenen literarischen Führung von Ute Fritsch:
Lustiger Ringelnatz-Asta Nielsen-Spaziergang mit Sanddornschnäpschen

www.kuenstlerinsel-hiddensee.de

ISBN 978-3-931911393

Inhalt